日本人よ！「強欲国家」中国の野望を砕け

Ko Bunyu
黄文雄

ビジネス社

まえがき

近年、日本人の「領土」と「歴史」への関心は、ますます強くなっている。それは戦後六〇年以上を経た日本人の意識変化である。「特亜」と称される中国・韓国のメディアは「日本の右傾化」と貶《けな》す。中華の国々の目からすれば、そう見えるだろうが、これは危機感から生まれた国家意識の覚醒にすぎないのだ。

すでに数代が経っていても、なおも執拗に「正しい歴史認識」をおしつけるのは、誰から見ても決して正常ではない。「歴史」にからめるのが「領土」問題だ。ことに中国の領土主張は「貪欲」という一言につきる。そもそも中国人のホームランドは黄河中下流域の中原地方にあった。中華帝国の膨張とともに拡大をつづけ、満州人の清に征服された後、前王朝の明よりも三倍ほども拡張している。

それでも今日の中国は、チベット、東トルキスタン、南モンゴルまで領土を呑み込んで拡大し、なおも「海の強国」をめざして、台湾も、尖閣、沖縄まで「固有領土」と主張する。中国の夢は人類の夢とはちがうのは明らかである。人類は中国の強欲にどう向き合うべきか、その野望をどう砕ければよいのか、本書の提言をお勧めしたい。

二〇一三年七月一七吉日

黄 文雄

第一章　尖閣をめぐる中国の対日挑発

もくじ

第二章　中国の国家戦略の転換

第三章　中国の沖縄に対する理不尽な主張

第四章 中華振興の夢をめざす中国の対日攻略

第五章　二一世紀の日本の安全保障を考える

第一章

尖閣をめぐる中国の対日挑発

尖閣ショックが提起したさまざまな問題

二〇一〇年九月七日、尖閣《せんかく》諸島沖の日本領海内で違法操業していた中国漁船が日本海上保安庁の巡視船に体当たりした事件をめぐる「尖閣ショック」は日中にかぎらず、世界的にもさまざまな波紋を喚《よ》んだ。また、多くの疑問も残している。

まず、日本側から見れば、なぜ民主党政権が成立した早々、日中の「尖閣衝突」が起きたのか。誰から見ても、民主党政権とは戦後もっとも反日親中の政権ではないのか。民主党政権は中国の現体制とは近似性だけでなく、もっとも社会主義政権に近い相思相愛の政府ではないのか。政権成立早々、小沢一郎幹事長が六百人も引き連れていった史上最大の北京詣でや、習近平《しゅうきんぺい》の中国次期最有望国家後継者（当時）の常規違反までしての今上天皇謁見はいったいなんだったのか。

一九八〇年後半以来の日中間の懸案だった「歴史」と「靖国」問題はすでにアプリオとして消えつつあるように見えるのに、なぜ「尖閣問題」が突如降って湧いたのだろうか。これからの日中はまた何が出てくるのだろうか。そういう懸念や疑問が逆に浮かんでくる。

一方、中国政府からは船長逮捕について、執拗な抗議、圧力が繰り返され、温家宝《おんかほう》首相（当時）までが「中国人船長を釈放しなければ、中国政府はさらなる措置を取る」と恫喝《どうかつ》したのみか、中国人観光客の訪日中止、日中民間交流の停止、レアアースの事実上の禁輸、そしてよくある対抗措置として、旧日本軍の遺棄化学兵器の処理事業を獲得するために中国で調査活動を行っていた日本企業社員を逮捕したのだ。

中国の圧力に屈した船長釈放後から、なぜさらなる「謝罪と賠償」を要求したのだろうか。主張ばかりと粗野な行動を、なぜ中国は平気でやってのけるのだろうか。もちろん、それらのあまりにも中国的な言動に対して、日本の学者、政治家、現場で中国人と接しているビジネスマンや警察の人々の間では感じ方が違うだろう。もちろん、チベット人やウイグル人、台湾人から知る中国人の行動パターンもそれまた異なるだろう。

疑問はまだつづく。胡錦濤《こきんとう》政権は「平和崛起」「調和社会」を掲げながら、なぜ今「尖閣衝突」を起こしたのか、偶発なのか、計画的なのか。もし計画的な行動なら、上海派、太子党なのか、軍の強行派なのかとさまざま推測もされている。

では「尖閣」をお題目に中国がいったい何を狙っているのだろうか。沖縄、さらに伝え聞くように日本をいわゆる「倭族自治区」や「東海省」まで「属国化」か「併合」する気なのだろうか。中国の「核心的利益」はいったいどこまで拡大していくのだろうか。

民主党政権後に急浮上した中国の尖閣に対する行動には、たしかにさまざまな疑問をいだかざるをえない。だが中国の常識を逸脱した粗暴な行動に対し、日本国民の多くは、逆に危機感をいだき中国を見る目まで変わり、失われつつある国家意識をよみがえらせたのだ。

もしこの「尖閣」問題が七〇年代の初頭であれば、必ず、井上清、羽仁五郎、荒畑寒村、小田切秀郎の代表的な進歩的文化人と左翼政党が立ちあがり、「尖閣諸島は日本軍国主義が中国から強奪したものだ。本来中国の固有の領土である」「尖閣を即刻中国に返還せよ」という共同声明を出したり、テレビ、著書などメディアで反政府や反国家言論活動をしたはずである。だが、今度の尖閣問題は、反日日本人の出る幕はなくなってしまったか、あるいは時代も時勢も変わったのか、反日日本人の反日言動はあまり目立たなかった。すっかり消えてしまったのだ。

中国としても、今回の尖閣をめぐる対日強硬策に対して、こうした反日日本人の呼応を期待していたはずだ。だが、たいした声は表だって聞こえてこなかった。仙谷由人官房長官（当時）もひかえめで「日本の文化は中国から受けた恩恵がある」「かつて日本が中国を侵略した過ちがある」という理由で、中国の姿勢に理解を示したぐらいだろう。

中国にとっては、反日日本人が呼応しなかったことも、そして日本各地で反中デモが群発、日本国内の世論が沸騰したのも計算外だったはずだ。少なくとも「中国という国はそういう自己主張ばかりの国」。そして日本人にとって、これからどうすべきかと考えさせる契機をあたえただけでも「中国さんありがとう」「謝々」と言うべきだと思う。

中国が尖閣領土を主張する「三段論法」

中国の尖閣領有主張はほとんどが「台湾は中国の絶対不可分の固有領土」で、そして「尖閣は台湾所有」だから尖閣は中国の固有領土だという「三段論法」を論拠にしてきた。だが、そもそも「固有領土三段論法」はじつに幾重もの論拠不成立の致命的な誤謬《ごびゅう》をかかえている。

まず指摘しなければならないのは、はたして「尖閣諸島は台湾に所属している」かどうかについて検証する必要がある。たしかに独善的な読解でいけば、いくつかの古文書には尖閣か尖閣らしいものが記述され、そう解釈できる文脈もある。しかし現実には官定の『台湾省志稿』の「台湾省図」にも、『大清一統志』「台湾府志」にも、地方志である北部の『淡水庁全図』にも、『基隆市志』にも、台湾付属島嶼《とうしょ》には「尖閣諸島」は領土として含まれていない。一九七〇年まで、中等学校で使われていた台湾の地理の教科書にも含まれていない。現在、中国と台湾で、「尖閣諸島は台湾の宜蘭郡所轄だ」と主張しているが、その論拠も事実無根である。すでに「宜蘭郡頭城」所轄という説が出た時点で私も台湾のマスメディアに依頼され、史料の確認だけでなく、戦前に宜蘭郡守であった楊基詮（東京帝大法科卒）氏と今も存命中の夫人に確認した。二人とも否定していた。まったく事実無根のつくり話だ。

次に、はたして「台湾は中国の絶対不可分の神聖なる固有領土」だろうか。中国人はたいてい欲しいものについては「絶対不可分」、まだ結婚しなくてもただ欲しいだけでも「絶対離婚反対」と言語表現する民族だから、「絶対不可分の固有領土」という主張が出たさい、私はたいてい中国の風習にしたがって逆に読む場合が多い。

中国は江沢民時代に「台湾白書」まで出し、固有領土と主張している。主要八カ国語に翻訳したが、史実ではない。清王朝の康熙帝時代から約二一二年間台湾を支配したことは史実だが、「古《いにしえ》より中国に属せず」と文書にあったことは、言語学者の故王育徳明治大教授から、現在の台北教育大学の李篠峰教授にいたるまでじつに台湾史学の研究者の論著から多く指摘されている。

台湾史には清の康熙帝が台湾征服以前に鄭成功三代の「東寧王朝」があり、もっと以前には、オランダ人やスペイン人の政権があった。日清戦争後に日本の領有時代があった。「古より中国の絶対不可分の神聖なる固有領土」という言説はただの自己主張であって、「昔から中国の固有領土ではない」という論著も数冊上梓されている。統計学者沈建徳博士著『台湾常識』の中では、古文書や毛沢東をはじめとする中国の国家指導者の論著や発言なども含め、じつに一三五項目にわたって、台湾は「古から中国の固有領土ではない」という記述を論証している。官公庁の古文書の中に台湾は日本に属するとの記述もある。たとえば、『乾隆府庁州県図志・台湾府』などもその一つである。

あいまいな論拠をもって台湾を「中国の絶対不可分の一部」と主張し、百以上にものぼる「古より中国に属せず」という過去の官公庁の記述を否定する中国政府の言説は、いかに彼らがいいかげんな政府であるかの証左であると言わざるをえない。もし中国の外務省に主張の論拠を問い質したら、ほとんどがなしのつぶてだろう。

中国は古文書の引用だけでは領土主権を主張するには無理があると思ったのであろう、それに続いて行ったのが常套手段としての「歴史歪曲《わいきょく》と捏造《ねつぞう》」だ。曰く、カイロ宣言、ポツダム宣言、サンフランシスコ講和条約に基づき、台湾、澎湖、尖閣も、日本が中国に返還したものと主張する。だがサンフランシスコ講和条約だけでなく、日華、日中二国間の条約でさえ、日本はただ台湾、澎湖諸島を放棄しただけであって、いかなる国に返還するかについては、明記していない。尖閣は沖縄とともに米施政権下に入ったのが史実である。台湾とはまったく関係のないことだ。

尖閣諸島の真実

古文書が根拠にならず、歴史の捏造も効果がないとなったら、中国が次に持ち出してきたのは、「大陸棚」説である。「尖閣諸島は台湾北部大屯《だいとん》山脈から海面下へ続く大陸棚に位置しているが、琉球諸島との間は二〇〇〇メートルの海溝で隔てられている」という地理学的論拠だ。

だが、もし台湾の大陸棚説を根拠にすれば、中国が主張する西沙《せいさ》諸島（パラセル諸島）をはじめ、南沙《なんさ》諸島（スプラトリー諸島）を含む南シナ海の島嶼は東南アジア諸国の大陸棚ということになり、「南沙諸島は中国の固有領土」「南シナ海は中国の内海」という論拠が破綻する。中国はダブル・スタンダードで南シナ海と東シナ海が中国の内海だと主張せざるをえなくなるのだ。

尖閣諸島に関する史実として、日本でたしかに残っているのは、一八八四年に、海産物を扱っていた古賀辰四郎が人を送って探検、九六年に尖閣諸島の魚釣島、久場島、南小島、北小島を明治政府から三〇年間無償で借り受けて開拓に乗り出したことである。九五年に明治政府は領土編入を閣議で決定している。一九一〇年には二八〇人の日本人が暮らし、日中戦争の戦況悪化後の四〇年に住民全員が引き揚げて無人島になったというのが、よく知られる尖閣諸島の領有史だ。

中国が尖閣諸島を固有の領土だと主張しはじめた一九七一年以前には、日本人が暮らしていた。

現在、誰もがその目で確認できる明確な証拠が残っている。

一九二〇年には中華民国長崎領事の馮冕《ひょうめん》が、漂着民を救助した日本への感謝状を贈っている。そこには「日本帝国沖縄県八重山郡尖閣列島内和洋島」と書かれている。この感謝状は、いまでも沖縄県石垣市の石垣市立八重山博物館に保管されている。

五三年一月八日付けの『人民日報』(中国共産党の機関紙)にも、「尖閣諸島は沖縄の一部」という記述がある。『人民日報』は、中国政府の見解を代表すると考えていいものである。

また、中国や台湾で発行された地図も、七一年以前のものには両国の領土とは示されてはいない。中国側でいえば、五八年発行の北京市地図出版社の『世界地図集』や、六五年に台湾の国防研究院と中国地学研究所が共同出版した『世界地図集』(第五巻)の「第一冊東亜諸国」では、魚釣島は中国の領土には入っていない。

台湾側では、六七年の中学校教科書『初中地理』では中華民国領に入っていない。七〇年の国立編訳館の『国民中学地理』という国民中学校の地理教科書第四冊では尖閣諸島は領土範囲外におかれていて、七一年以降にやっと「釣魚台」と書き換えられている。また、七二年の『中華民国地図集』第一冊第四巻以前でも中華民国の領土には含まれていないのである。

尖閣諸島が固有の領土という中国の根拠

「尖閣(釣魚台)は中国の固有領土だ」という中国の領土主張をはじめたのは、一九七〇年代以後である。それは日本ではよく知られていることだが、中国の民衆には知られていない。

一九六九年に国連のアジア極東経済委員会（ＥＣＡＦＥ）で、東シナ海に埋蔵豊富な油田がある可能性が発表された。七一年に沖縄返還協定が日米で調印されると、在米の（中華民国）台湾留学生が尖閣は中華民国領だと訴えはじめた。それが、きっかけとなり、中国は七一年一二月に領有権を主張しはじめ、その翌年二月には中華民国も主張しはじめている。

一九七〇年前後は、中国では文革の最中で、台湾では蒋介石《しょうかいせき》もなお存命し、毛沢東は「造反有理」「革命無罪」を唱え、紅衛兵とともに実権派の打倒と神格化運動に夢中の時代であった。それ以前に中国はほとんど尖閣について知らなかったし、関心もなかった。そういう時代背景だけでなく、文化背景もあった。というのは、中国は有史以来、万里長城に象徴される陸禁だけでなく、海禁もきびしかったからだ。

たとえば、中国史上もっとも開かれている唐の時代、国際色豊かな唐代でさえも、三蔵法師（玄奘）の天竺取経は国禁を犯してのものであり、戎兵は国境の瓜州《かしゅう》まで追っかけてきた。鑑真和尚の渡海も空海の渡唐もいかに海禁を犯してでのことかについては、仏教史に詳しい。大陸国家の中国にとっては、海とは未知の暗闇の世界だった。改革開放前の時代、未知の世界だから無関心だったのもあたりまえのことだ。

では中国政府は、なぜ七〇年代に入ってから尖閣を主張しはじめたのか。よく耳にするその弁解は二つある。そもそも中国のものだから、あえてわざわざ主張や言明する必要もない。もう一つは「今まで中国は弱かったから、主張できなかった。今はすでに強くなったから」だという理由である。

中国がよく持ち出す古文書の根拠として、一四〇三年の『順風相送』と一五三四年の『使琉球録』に「釣魚島」についての記述があることをはじめ、京大井上清教授の著書『尖閣列島』漢訳本を論拠に、あたかも中国領は自明のことだと主張するばかりだ。

「尖閣」領有をめぐる主張については、『尖閣諸島・琉球・中国』（浦野起央／三和書籍）及び『釣魚臺群島（尖閣諸島）問題』（浦野起央ほか／励志出版社、刀水書房）に分析・資料・文献が多くとりあげられている。井上清教授の中国領についての主張は、ほとんど以後の研究によって完膚なきまでに論破されている。

古文書に書いていることを論拠に中国が先に発見命名したものだから、それが「中国領」だと主張するのは、近代国際法には通用しない。「発現」即「領有」、「文献に書いてある」即「固有領土」ではないからだ。

尖閣だけではない。南シナ海の島嶼や、台湾、沖縄の「中国固有領土」の主張については、中国はほとんど古典に依拠するのが常套だ。もちろんチベットをはじめ、内陸の領土についても例外ではない。

問題なのは、その「固有領土」とされる地名や地名らしきものが書かれている古文書そのものだ。そしてその信憑性《しんぴょう》も確認する必要がある。たいてい中国の古典については、経、史、子、集に分けられている。尖閣諸島やそれらのものが書かれている、その古文書とは歴代王朝の正史か、野史か、雑説か、法典か、奉使録か、紀行か、小説か、詩詞か、あるいは海神媽祖のような神話なのかを弁別する必要がある。その真偽や資料価値も評価しなければならぬ。

かりに古地図や古文書に書かれていても、その真偽、信憑性、史料価値の検証も必要だ。また、一時的に中国歴代王朝の版図に入ったことがあるにしても、それはただ過去があっただけのことであって、今もなおすべてを「中国の絶対不可分な神聖なる固有領土」と主張したら天下大乱となるだろう。もしイタリア政府が古代ローマの版図をとりあげて、「固有領土だ」と主張したら、いったいどうなるだろうか。オスマントルコやモンゴルが最盛期の領土を主張しはじめたら、いったいどうなるだろうか。かつての南ベトナムの学校教科書では「中華侵越史」が教えられた。江南の百越の地は中国に奪われた祖先の地だと教えた。もちろん領土というものは万世不易なものではない。

領土観も時代によって変わる。近代の領土観は近代国民国家の時代に入ってから徐々に定着してきたもので、戦前まで東洋学者や支那学者の「支那非国論」（天下であって国家ではない）や「支那無国境論」は正しい。それこそ「正しい歴史認識」だ。

中国の古典『詩経』に「天下王土にあらざるものなし」（世界の土地はすべて中国のものだ）と書いてある。いわゆる「王土王民」思想である。では、世界の土地はすべてが中国のものだろうか。もちろん今現在では通用しない。辛亥革命後の民国初頭に孫文をはじめ、多くが「中国がやがて強くなろう。朝鮮もベトナムも今までの朝貢国は競ってもどってくる。みんな中国人になりたがる」と語り、誰もがそう思い込んでいたものの、それはただ中華思想の思い上がり、幻想にすぎなかった。

『皇清職貢図』（一七五一年）や『嘉慶会典』（一八一八年）など中国の法典では、イギリス、オランダ、ポルトガル、バチカンまで朝貢国だと明記されている。アヘン戦争、清仏戦争は英夷、仏夷の反乱だと清皇帝の詔書に書かれているが、だからといってそれが中国の「内乱」となるのだろうか。いくら中国の古文書に尖閣や南シナ海の島嶼などが中国のものだと書かれていても、それは、ただ本の中に書かれているだけのことであって、国際法的にも現代世界の常識でさえ通用するものではない。

バレた偽の「西太后詔書」

七〇年代以来、中国の尖閣領有の不動の歴史証拠だとする「西太后が盛宣懐に釣魚台を下賜した詔書」が見つかったとメディアで騒がれたが、まもなく偽物であると見破られた。この偽詔書はすでに一九九七年一一月号の月刊『歴史』（台北・歴史智庫出版公司）誌上で虞正華氏の考証によって偽物と証明された。それ以後も多くの学者によって完膚なきまでに論破されている。

この「偽詔書」の流布については二〇一〇年一〇月二七日に、台湾の国会に当たる立法院で民進党の陳亭妃議員が質問し、偽詔書であることが明らかにされた。保釣《ほちょう》運動出身の馬英九《ばえいきゅう》政府もこれを「尖閣主権」主張の論拠にしないことを約束した。だから台湾では、この「偽詔書」を今もなおテレビや活字で尖閣主権の論拠にする学者や言論人を「弱智《うすらバカ》」や「白痴」（知的障害者）と呼ぶ。日本でも今なお台湾で言う「うすらバカ」の言論人がいる。

では「西太后の詔書」はなぜ偽物だとすぐ見破られたのだろうか。それは、「創作者」があまり歴史を知らないからという一言につきる。だから荒唐無稽の偽詔書が出たのだ。以下が偽物であると見破られた理由である。

①詔書の格式によれば、詔書の最後に「欽此」の二字があるのはあり得ない。格式も間違っている。

②清朝の使用文字は南京条約以前は満蒙文字からラテン語、南京条約以後からも漢文付記であり、「詔書」のような漢文の単独使用はあり得ない。

③印璽《いんじ》が「慈禧太后之寶」となっているが、当時の印璽は漢字のみのものは存在しない。ほとんどが漢満両文併記である。

④同時代の公文書の記録にこの「西太后の詔書」というものは存在しない。

⑤光緒一九（一八九三）年の盛宣懐の官職は「太常寺少卿」であり、偽詔書にある「太常寺正卿」ではない。盛が「太常寺少卿」に任官されたのはその三年後の一八九六年である。

⑥清代に土地を下賜する例はない。

⑦そもそも「詔書」というのは皇帝しか出すことができない。

⑧『清史稿』『清実録』には「西太后が釣魚台を盛宣懐に下賜する」記録は存在しない。

以上のような偽文書の駄作は古代から多く発見されている。偽作者があまり学がないためにすぐ見破られることも多い。たとえば有名なのは、文革中に「人民日報」に出た「毛沢東の長江遊泳」の写真だ。これがすぐ合成写真だと見破られたのは、波と逆方向に泳いでいるほかに、そのスピードはオリンピック記録の倍というものだったからだ。日中戦争中の黄河決壊も、数日後にはすぐに蔣介石の自作自演であるとフランスのベテラン記者に喝破された。

「西太后の詔書」をメディアに売り出したのは、辛亥革命の元凶とされる盛宣懐の四番目の息子とアメリカ女性との私生児だと自称する盛毓真、「徐逸」という女性である。清末の李鴻章の右腕とされた実業家の盛宣懐は、袁世凱と孫文に天敵とみなされ、革命後日本に亡命している。

盛の嫡孫である盛毓郵は、「西太后の詔書」という話を聞いたことがなかった。盛毓真（徐逸）という身元不詳の妹も知らず、彼女について盛家の恥だとまでメディアに語ったこともある。徐逸はすでに台湾で亡くなったが、もし生きていたら、どう笑われるか見当がつかない。政商盛宣懐一家の子孫たちにとっては、西太后の「偽詔」騒ぎは大迷惑な話だ。

中国が尖閣諸島を日本領土と認めていた動かぬ証拠

ここまでは、中国側の主張に根拠がないことを示す証拠を集めた。今度は、尖閣が日本の領土であることを示す証拠を提示しよう。

尖閣諸島がどういう状況のもとで日本に編入されたか。先にも少し触れたが、もう一度述べると、まず一八八四年に、実業家の古賀辰四郎が尖閣諸島に人を送って探検している。九五年に日本政府は、清国をはじめいかなる国もまだ支配していないということを確認してから領土編入を閣議で決定した。

九六年に、日本政府は古賀氏に魚釣島とそれ以外の四つの島を三〇年間無償で貸与することを決めている。そして一九一〇年には、二八〇人の日本人が暮らしていた証拠も残っている。その後、日中戦争の戦況が次第に悪化するなか、四〇年に尖閣諸島の住民が全員引き揚げて無人島になった。このように、もともとは人が住んでいた島であったのだ。

終戦後の四六年には尖閣諸島を含む西南諸島の施政権が日本から連合国に移され、五一年のサンフランシスコ講和条約により、尖閣諸島は日本領のままでアメリカの施政権下に入ったのだ。当時、中華民国政府からも中華人民共和国政府からも抗議はなかったのである。

というように、尖閣諸島が日本固有の領土であるのは間違いない。当然、中華民国も人民共和国も従来、教科書にも地図にも尖閣諸島は日本領としていたのだが、六九年に国連のアジア極東経済委員会（ECAFE）で、東シナ海に埋蔵豊富な油田がある可能性が発表されると、にわかに自国の領有権を主張しはじめたのである。二〇〇九年六月、沖縄の北西沖に海底熱水鉱床が発見され、金、銀、銅などの貴金属やレアメタルなどの鉱物資源が存在する可能性が出てきた。また、一〇年一〇月には、沖縄近海に世界最大規模となる海底資源が眠っている可能性が公表された。こうなると、中国がさらに声高に沖縄の領有権を主張しはじめる可能性が非常に高くなったといえるだろう。

「台湾白書」という中国政府創作の「現代海外領土」神話

日本政府は今でも毎年、政治、経済から社会、文化に至るまで「白書」を出している。「白書の白書」まで私もよく利用するほどである。改革開放後の中国政府も、従来の「竹のカーテン」とはちがって、開放の国是を示すために「白書」を出している。

だが、この国の「白書」は、国柄の象徴のように、「白書」とは「神話創作」の代名詞にもなる。「台湾白書」は一九九三年に出したもので、ほとんどが神話に近いものである。二〇一二年にも「尖閣（釣魚島）白書」を出している。「台湾白書」に似ていて、ほとんどが創作の「神話」である。真実が存在しないというよりも真実とは逆の嘘をつくためにあるといえる。

九三年八月に出した中国政府の「台湾白書」（台湾問題と中国の統一）は、一万二〇〇〇字、中国語版以外に、英語、フランス語、スペイン語、ロシア語、アラビア語、日本語など八ヵ国語に翻訳し、全世界にばらまいた。

その記載に曰く、

「台湾は古来中国の領土である。古代には夷州と呼び，秦漢代に船による往来があり……」

これほど荒唐無稽なものはない。

中国の「台湾白書」に対抗して翌九四年七月、台湾は一万五〇〇〇字・五部からなる「大陸白書」を発表した。その内容は台湾（中華民国）と中国（人民共和国）を「分裂した政治実体」とし、アヘン戦争から現在に至るまでの歴史を述べ、中国の統一の意義は民主と自由、富の均等なる生活であると強調した。

九〇年代は台湾と中国をめぐるアイデンティティの論議はなおも「一つの台湾と一つの中国」や「二つの中国」にとどまっている。総統直接選挙後の一九九六年代以後とは、国家と民族のアイデンティティは大きく変化してきている。

中華民国が成立した後の一九一二年三月一一日、中華民国臨時約法が公布された。その第三条で定められた「中華民国領土」の規定には「台湾」は排除されている。なぜなら、当時台湾は日本の領土だったからである。

一九一三年の「天壇憲法草案」、一九一四年五月一日の「袁世凱《えんせいがい》約法第三条」、一九二五年の「中華民国憲法草案」、これらすべての条文で、台湾は中国の領土のなかに含まれていない。一九三六年の「五権憲法草案」第四条では台湾が含まれていないだけでなく、「中華民国の領土は固有領域により、国民大会の決議を経ないかぎり変更することはできない」と明記されている。

中華民国の憲法により、台湾は法的に中華民国の領土に所属していないと証明できるのである。中華民国の軍隊による台湾占領は、アメリカ進駐軍の日本占領と同じく、マッカーサー第一号命令で進駐したにすぎない。

かりに中華人民共和国が中華民国の後継国家だとしても、中華民国に台湾領有の国際法的根拠がないかぎり台湾を領有する理由はない。

ましてや、中華民国はいまだ台湾にて健在であるため、中華民国が署名した条約を受け継げるかどうか明白ではないはずである。

中華人民共和国政府とは、中華民国の政権を武力によって奪取した革命政権である。もしも、この革命政権が中華民国の後継国家として国際的に大多数の国々の承認を受けていたとしても、それだけでは台湾への武力行使という侵略行為を正当化する権利はない。

中国大陸において、中華民国政府は打倒され奪われたが、いまなお台湾で新政府として存在しているのは紛れもない事実だ。いわば、中華民国政府は本店を番頭に奪われてしまったため、新たによそで営業を再開したのである。本店を奪った番頭は本店だけでは飽き足らず、よそへ逃げて旧店の看板で新装開店した中華民国をも、「絶対不可分の支店」と主張して奪おうとしている。そんなことが許される道理がどこにあるのだろうか。

また、中華人民共和国は清朝の後継国家でもないが、かりに清朝が一時的に台湾を領有したことを根拠に台湾の帰属を主張するなら、かつて台湾を統治したオランダもスペインも日本も、同じくそれを主張する権利があるというものだ。

中国政府が台湾領有を主張しはじめたのは戦後になってからである。二〇世紀の中国国家指導者は、孫文、蒋介石、毛沢東、周恩来などすべて台湾独立支援を公言していた。その歴史を隠さずに正しくしっかりと認識すべきである。

一九三八年四月一日、蒋介石は中国国民党臨時全国代表大会の演説のなかで、「総理（孫文）の意思によれば、我々が高（麗）台（湾）の同胞に対して独立、自由を回復させてこそ、中華民国の国防を確固たるものにすることができ、東亜の平和の基礎を確立することができる」と述べている。

一九三八年一〇月、同様に毛沢東も中共中央政治局拡大会議で、「中・日両大民族の民衆及び朝鮮、台湾など被圧迫民族とともに努力し、共同で反侵略の統一戦線をつくり……中国人と台湾人は平等な国際的友誼《ゆうぎ》の下で合作すべきである」と言っている。

一九四一年六月、周恩来は「民族至上与国家至上」の一文で、「朝鮮、台湾の反日運動、民族国家の独立解放運動を支持している」と書いている。

こうした事実を、中国共産党はひそかに改ざんしているのだ。たとえば、有名なエドガー・スノー著『中国の赤い星』（Red Star Over China）でも改ざんされている。

『中国の赤い星』は、アメリカ人ジャーナリストのエドガー・スノーが、毛沢東とのインタビュー記事をまとめたものであり、発表後から世界で注目され、日本でもよく知られている。この本は一九三七年一〇月にロンドン、翌年の一月にニューヨークで出版され、後年に中国語訳が『西行漫記』として上海光華書店から出版された。

もともと同書の英訳版初版の八八ページと、中国語版八二ページには、朝鮮人と台湾人の独立闘争を支援するとの毛沢東発言が載っていた。ところが、中国共産党中央からの指令により、七九年からは「台湾」の部分に関する毛沢東の談話が、「中国が東北と台湾を回収し、朝鮮の独立を助ける」という文章に改ざんされてしまった。毛沢東の「台湾独立」支援発言が、中国による「台湾回収」という言葉にすり替えられたのである。

台湾は中国の絶対不可分の神聖なる固有領土という大嘘

「台湾は中国の絶対不可分の神聖なる固有領土」という神話は完全に戦後生まれの神話である。

戦前は大日本帝国最南方の領土として、列強にも認知されていた。もちろん一九世紀の末に大日本帝国の南方領土として台湾が編入されたのは日清戦争後、下関条約によったものであった。やがて、欧州大戦（第一次世界大戦）後に日本は敗戦国ドイツ領の太平洋上の島々を委託統治し、新しく発現したのが新南群島（平田末治《ひらたすえじ》の発現で、平田群島とも称され、アメリカ版の地図もヒラダズ・アイランズと表記、現在紛争中の南シナ海の島嶼で、戦前は台湾・高雄州に所属）である。

中国が公式に「台湾の返還」を主張しはじめたのは、第二次世界大戦終戦前の一九四三年のカイロ会議で、戦後は連合国極東最高司令官マッカーサー元帥の第一号指令で、国民党軍による進駐となった。

戦後、国共内戦が再燃した。共産党軍が内戦に勝ち、中華人民共和国を樹立した。連戦連敗した蒋介石総統は一度下野、李宗仁に総統職を譲ったものの、李総統はやがてアメリカへ亡命。戦犯第一号（人民の公敵）と指名された蒋介石は、敗走の国民党軍と難民を率いて台湾に逃げ込み、一時「中華民国はすでに亡国した」と公言したものの、やがて台北で中華民国の総統に復職すると宣言。「反攻大陸」「反共抗俄（ソ連。ロシア）」というスローガンを掲げながら、中華民国として「中華人民を代表する正統の政府」と抗争しつづけていた。

人民共和国が建国後、中国がめざすのは、旗幟に掲げている「世界革命、人類解放」だった。台湾に対しては、はじめ「解放」と呼び、私が日本に来た六〇年代後半に入ってから、「解放」から「統一」とのスローガンに変わった。「絶対不可分の神聖なる固有領土」の吶喊《とっかん》の声は文革の後、つまり毛沢東以後のことであった。

では、中国と台湾との関係史上、はたして「絶対不可分」の時代があっただろうか。中国から見た台湾はずっと「化外の地」「瘴癘《しょうれい》の島」「荒蕪《こうぶ》の島」だった。オランダと明の政府と台湾海峡に浮かぶ澎湖群島を争っていたころ、明の政府がオランダにすすめたのは、海峡の向こう側の「荒蕪の島・台湾」の占有だった。占有だけでなく、通商の条約まで結んだ。台湾四〇〇年史はオランダの時代も鄭氏の東寧王国の時代も「絶対不可分」よりも対立の関係だった。清が鄭成功王朝を滅ぼしてからの二一二年の間でも、海禁と山禁が断続的につづいていた。

もちろん一九世紀末の日本支配の時代も戦後の国民党政府の時代も、「絶対不可分」とは、ただのチャイナ・ドリームであって、史実としては存在しない。存在しない幻想に中国人がみずから自己陶酔しつづけていても、他人の知ったことではない。しかし、それを他人にまで「そう唱和しろ」とむりやりに押しつけられたら、じつにたまったものではない。

「台湾は古から中国の絶対不可分な神聖なる領土である」と一貫して主張してきた。それどころか、中国で発刊されている『華日字典』や『中日字典』、さらには小さな『新華字典』にまで「台湾」の項の註釈に、ごていねいに「台湾は中国の絶対不可分な神聖なる固有領土」だとわざわざ明記している。異常としか思えない強調ぶりである。

中国はこの「主張」を振りかざして、台湾に関することはすべて中国の内政問題であり、祖国統一のための武力行使は放棄しないと、一〇〇〇回以上も繰り返し公言してきた。さらに、一九九六年に行われた台湾史上初の総統直接選挙の際には、台湾に対してミサイル威嚇《いかく》射撃を行った。その後に江沢民主席（当時）は、いかなる経済的犠牲を払っても祖国統一は「歴史の使命」であり、いかなる政治指導者もそれを放棄することはできない、と言ってはばからなかった。

だが、この「台湾は古から中国の神聖なる不可分の固有領土」だとする、中国政府や学者らによる主張には確たる根拠がない。中国最古の古典『尚書』（書経）や『史記』『三国志』『隋書』からえんえんと諸史諸志を引用しながら、そのなかに出てくる「夷洲」が台湾ではないか、はたまた「琉球（流求）」というのが台湾ではないかなどと、勝手に「解釈」または推測しているだけである。

中国政府の台湾領有についての主張は、「尖閣列島」の所有を主張する以上に根拠のないものであり、歴史捏造と歪曲にあふれたものなのである。

では、歪曲と知りつつ「台湾は古から中国の固有領土」説の根拠に耳を傾けてみよう。

まずよく耳にする説は、夏の時代から中国の台湾領有がはじまったというものだ。夏とは、四〇〇〇年前に誕生したといわれる中国の幻の王朝である。日本史では縄文時代にあたるころだ。

中国最古の書籍は『尚書』であるが、そのなかの「禹貢篇」に「島夷奔（卉《ほん》）服」という記述がある。この四文字は、王の徳に従い「島の夷狄《いてき》が競って臣服した」という意味で、現代の中国人学者は、この「島」という一文字がまさに台湾を指していると決めつけている。

台湾が四〇〇〇年も前から、中華文明を慕って朝貢に訪れていたと、中国の都合のいいように解釈しているのである。中国で発行された多くの「台湾史」関連書籍にも、「学者の考証によれば、この『島』とは間違いなく台湾であったと公認されており、通説となっている」と記述されている。そのいずれも「学者によれば」という説明だけで、いったいその学者が誰なのかという具体的な名前もなければ、所属国家や研究機関もいっさい言明していない。まったく信憑性《しんぴょうせい》に欠ける記述としかいいようがない。

かりに「島夷奔服」が史実だとしても、ここでいう「島」あるいは「島々」が、果たしてどの島であったかを特定することは、いかなる学者も不可能であろう。むしろ、なぜそこまで台湾だと断定できるのか、疑問である。

この推論に根拠がないことは、南シナ海をめぐる紛争を見れば明らかである。南沙《なんさ》諸島は中国、フィリピン、ベトナム、台湾、マレーシア、ブルネイなどがその領有権を争っている。かつて各国の主張が激突した一九九〇年代、あろうことか中国人学者はこの「島夷奔服」の「島」は「南沙諸島」だと繰り返し主張したのだ。一時は、学者を総動員し、えんえんと古典を引用しながら、古代より中国の不可分な一部であると強弁していた。そればかりか、捏造した碑文を積んだ漁船がフィリピン海軍に拿捕《だほ》されたことさえあった。あれほど台湾だと断定していた「島」が、自分たちの都合でいつのまにか南沙諸島になってしまういい加減さである。このことからも、この主張がいかにインチキかがわかるだろう。

つけ加えれば、南沙諸島は無人島であり、「島夷」がいるはずがない。しかも、夏時代に限らず、殷《いん》や周の時代に至っても中国における人々の活動範囲は限られており、中原の地とは黄河流域に局限され、揚子江（長江）などとても越えられない状態だった。そこには楚、越の国々があったのだ。当時この国々は南蛮か越蛮だった。そんな時代に、数千キロも離れた南シナ海の島夷との交流がありえたはずがない。

また、『尚書』においては漢時代のはじめから「今文尚書」と「古文尚書」をめぐる贋作《がんさく》、経書捏造論争が持ち上がっていた。そんな怪しい書物を根拠とした台湾領有論を信じるのは、中国の愚民と日本の学者ぐらいなものだろう。まったくのお笑いである。

さらに九〇年代に入ってからは、『三国志』『隋書』の記述を都合のいいように切り取って、「三国時代」や「隋」の時代から祖国を防衛するために、台湾にはつねに二万の軍隊が駐屯《ちゅうとん》していたという説を公然と流布するようになった。常識で考えても、紀元三世紀から七世紀初頭ごろの呉や隋の時代における中国の貧弱な航海術では、黒潮の流れが渦巻く荒波吼《ほ》ゆる烏水溝《うすいこう》（台湾海峡）を渡れるはずがない。しかも、往路では一万あまりの兵を、復路では数千人の島人を乗せて航海したなどと主張しているが、そのような大規模なことができるはずがないのだ。ましてや、呉の時代以降、中華王朝は数度も北方の騎馬民族に滅ぼされている。二万の軍隊を祖国防衛のために台湾へ派遣する人的、物的余裕などあるわけがない。

「断章取義《だんしょうしゅぎ》」または歴史のつまみ喰いもここまでくると、じつに醜いものである。『隋書』の「東夷列伝」にある「男女数千人を軍船にて連れ帰った」との記述のすぐ後には、「自爾遂絶」という記述がある。これは、「連れ帰った後ついに往来が途絶えた」という意味だ。つまり、二万の祖国防衛軍（防人《さきもり》）など常駐していなかったということなのだ。

一方、「台湾」についての古典に見られる記述は、ほとんどが「古より中国に属せず」と明記している。たとえば、清朝時代の魏源が書いた『聖武記』には、「台湾は古より中国に属せず」とはっきり書かれている。そのほか、『康熙勘定台湾記』には「台湾はいまだ中国の版籍に非《あら》ず」。藍鼎元の『平台紀略』には「台湾は宋元の前、ならびて人の知る無し」とある。施琅の『靖海記事』には「台湾の一地は原化外に属す。土蕃雑処して、いまだ版図に入らざるなり」と記されている。これは、台湾は古来から中国とはまったく関係がなく、なんの交渉もなかったという記述にほかならない。

また、『雍正実録』（一七二三年）には次のような記述がある。「台湾は古より中国に属せず、我が皇考（康熙帝）の神武が遠く届き、拓いて版図に入れた」。『大清統一志』（乾隆版）では、「台湾は古より荒服の地であり、中国と通ぜず、名は東蕃。明代の天啓年間（一六二一〜一六二七年）紅毛荷蘭夷人に占拠される」とある。

清代の有名な史家の趙翼も、「台湾は古より中国に属せず」と語っている。こういった記述のある書物を取り上げれば枚挙に暇がないが、参考までに以下に主なものを挙げてみよう。

夏琳の『閩海紀要』（一六八三）明の遺臣黄宗羲の『賜姓始末』『鄭成功伝』、金鋐の『康熙福建通志台湾府』、高拱乾の『台湾府志』、楊延耀の『台湾府志』、連横の『台湾通史』、郁永河の『裨海記遊』、周元文の『重修台湾府志』、周鍾瑄の『諸羅県志』、王先謙の『東華録選輯』、黄叔璥の『台海使槎録』、沈起元の『台湾理蕃古文書』、范咸の『重修台湾府志』、清の康熙帝の『清聖祖実録選輯』、汪栄宝の『清史講義選録』など。

「台湾は古より中国に属せず」と記載されている中国古典の考証は、台湾の言語学者であった王育徳教授によってはじめて提起された。それ以後、さまざまな新鋭の学者により学術的な研究が重ねられている。

そのなかでも目を引くのは、統計学者・沈建徳博士の研究である。沈博士は、著書『台湾常識』で中国の古典以外にも古地図をはじめ、孫文、毛沢東、蒋介石、周恩来など中国の国家指導者たちの発言記録を計一三五項目にもわたって引用することにより中国人の歴史捏造を指摘、歪《ゆが》められた「歴史認識」を糾《ただ》した。

沈博士はさらに、当時の中国国家指導者である江沢民主席から外交部に到るまで、中国政府総勢が行っている歴史捏造を糾すため、中国政府に公式に質問状を提出している。当然ながら、中国政府はこれに反論することができない。ただただ、歴史教科書に「台湾は中国の絶対不可分な神聖なる固有領土の一部」だと記載し、集団教化を強めるのみである。

「台湾は日本に属する」と記述されている中国の史書

何千年、何百年も前の史料をいくらほじくり返しても、現在では確かめようもないことがある。だからこそ、多くの歴史学者が慎重に考証、研究を重ねているのである。中国の古典に、たとえ台湾を指しているのではないかと思える記述があったとしても、それが「中国の固有領土の一部」であることを意味するわけではない。

一三世紀以降から近現代にもっとも近い史料を見ても、「台湾は古より中国に属せず」との記述があるのみである。「二五史」といわれる中国官定史書のひとつ、『明史』（明時代の正史）は一八世紀の乾隆帝《けんりゅうてい》の時代になってやっと完成したが、そのなかの「土司列伝」（外様大名列伝）では、ビルマやラオスは雲南と同列のもの、つまり「絶対不可分の一部」として記述されている。しかし、「鶏籠国」（台湾）については「外国伝」で日本や呂宋《ルソン》（フィリピン）と並記しているだけでなく、なんと「日本に属す」と記述されている史書もある。

洪亮吉の『乾隆府庁州県図志・台湾府』にも、台湾は「日本に属す」との記述がある。そのほか、呉振臣の『台湾輿地彙鈔』、徐宗幹の『治台必告録』には、台湾は所属する国を持たない倭寇《わこう》の巣窟《そうくつ》であると記述されている。一九世紀末の清の光緒初年に呉子光が書いた『台湾記事』には、台湾は「毘舎耶国」（フィリピン）に属するとまで書かれているのである。さすがに「フィリピンに属する」とは荒唐無稽な記述だが、それにしてもなぜ近現代の一九世紀に至るまで、歴史書の最高権威である「正史」に誤記するほど、中国の知識人や政治家は台湾の帰属問題についてこれほど無知・無関心だったのだろうか。

どこでも「古から中国の神聖なる固有領土」という中華思想

「沖縄人（琉球人）も中国人だ」だけでなく、「台湾人も中国人だ」と言われたら、じつに頭にくる。中国人からすれば、「中国人として認めてあげたのに」と恩賜や恩恵がましく思い込んでいるが、「大きなお世話だ」と言いたくなる。

蔣介石の次男坊蔣緯国のように「台湾人が中国人だと認めないなら、台湾から出て行け！　ここは中国人の土地だから」と怒るが、それこそ中華思想というものだ。中国人留学生が韓国女子留学生に対して「われわれ中国人」と言って大ゲンカになったことを、その場で傍観したことがある。「やれ！　やれっ」とヤジ馬根性は出なかったものの、韓国人の誇りには、じつに感動、羨ましいかぎりだ。李朝時代なら「両班《ヤンバン》」たちは、「大国人」（中国人）になりたがるが、今の韓国人の民族としての誇りはじつに傾聴に値する。多少妄執的なところがあってもだ。

たしかに、「台湾人も中国人」というのは、中国人の「常識」ではあるが、台湾人から見た中国人は同じ「地球人」というよりも「宇宙人」だ。

長い歴史文化から独自の世界観、人生観をもち、時代と世界との協調というよりも世界がすべて中国にあわせるように求めたがる。だから、自己主張ばかりで、他人がどう言おうと聞く耳をもたない。もちろんそれは一個人だけではなく、国家もそうだ。

「中国とどうつきあうか」という題の著書は日本では少なくない。読まなくても要するに言いなりにすれば、それでよいという内容だということがわかるが、「つきあいたくないのにつきあっていくならどうすればいいか」は、むしろそこから考えなければならない。

たいてい中国とのトラブルは領土観をめぐるものが多い。近年では中国にいわせると、国家にとっては「核心的利益」だ。尖閣、沖縄だけではない。中印戦争も中ソ戦争も領土問題をめぐるものだった。

人民共和国時代、さらにさかのぼって中華民国時代からのここ約一世紀にもわたって、中国の領土主張はたいてい以下の三つのポイントがあると私は考えている。

①中華帝国歴代王朝、もちろん征服王朝も含めたそれらの王朝が、一度でも征服した土地。

②訪問した、交流した、または「朝貢」したことのあった国々の領土はすべて中国の固有領土と見なされる。チベット、新疆ウイグル、モンゴル、満州などがこれらの例で、蒋介石（陶希

聖代筆）の『蘇俄（ロシア）在中国』と毛沢東編『近代中国小史』の学校歴史補助教科書などがその代表的なものである。極端な主張として明の宦官鄭和《ていわ》の南海遠航で訪問した国々はすべてが中国の朝貢国、固有領土とされる。中国が強くなったらすべて「回収」するとも主張している。

③ 中国の古典に文字として記述される土地、あるいは明らかに侵略した事跡が記述されたもの。たとえば高句麗、尖閣、琉球、南シナ海の島嶼がその好例だ。

中国が「統一すべき」と主張する範囲はすべて絶対不可分の神聖なる固有領土と見なされる。台湾がそのいい例だ。

かつての天下観をそのまま国家領土観にしているどころか、清帝国が中国を征服した後、康熙、雍正、乾隆三代百三十余年間に征服した中国史上最大版図の時代が真の「統一」と主張、「中華振興」の最終目標は最大版図の時代の復活にある。それが中華思想、中華史観である。

中国のあまりにも中華思想的な固有領土主張に対し、以下の二つの隣国の一言（一刺し？）は参考になる。

中国のたびかさなる領土主張に対して、当時、ソ連のフルシチョフ元首相は、「古来中国の国境は（万里の）長城を越えたことがなかった。もし古代の神話を持ってきて理不尽な主張を続けるなら、それは宣戦布告以外の何ものでもない」と強く警告した。

またネパールのコイララ首相（当時）は「中国人は有史以来、一人としてヒマラヤを登頂したこともないのに、よくもヒマラヤが中国の領土だと言えるものだ」と皮肉っている。

第二章

中国の国家戦略の転換

アジアの海の歴史から島嶼領有問題を考える

近年、南シナ海と東シナ海の島嶼領有問題は、周辺関係諸国だけではなく、国際的にも注目されている。

領土、主権というものは近現代になって徐々に確立されたもので、中世や古代は武力などの物理的な力によって取得したものであることは歴史が如実に物語っている。

近代以前の領土獲得とはかぎらない。日本列島がほぼ鎖国時代に入っていた江戸時代と同時代には、ロシア帝国も清帝国も他国を征服することによって領土膨張を続けていた。やや遅れて、アメリカも独立した一三州を手始めに「フロンティア」と称する西部開発を行った。さらに西進を続けて西太平洋に及び、黒船によって日本を開国させるまでに至っている。少なくとも一九世紀から二〇世紀中葉までは、力による領土取得は常識であった。

では海島の領有については、いったいどうであろうか。さらにスパンをのばして、海の文化・文明史から見る必要もある。

気候史から見て、アジアの海を生活の「場」とし、「ネットワーク」をつくったのは、マレー・ポリネシア系の人々だった。少なくとも四五〇〇年前までは朝鮮半島の南はマレー・ポリネシア系の海の民の生活の場であったことが確認されている。中国最初の幻の王朝を築き、また中原最初の住民とされる夏人はマレー・ポリネシア系であったとも考証されている。それ以前の台湾、琉球、九州は同一文化圏で、言語学から台湾はマレー・ポリネシア系のホームグラウンドだと論証されている。

海のアジアは今ではマレーシア、インドネシア、フィリピンなどの近代国家として変貌しつつあるが、古代のアジアの海はインドシナ半島の諸王国が主役であった。古代、あるいは超古代から、ユーラシア大陸の交流ルートとしては、陸のシルクロードがあるように海のシルクロードがあった。まさに日本の遣隋使、遣唐使の時代から、海のシルクロードの主役はイスラム文明の台頭と拡散によってインド、ペルシア、アラビアのイスラム商人へと代わっていく。やがて大航海の時代に入ると、ポルトガル人、スペイン人、オランダ人、イギリス人、フランス人へと主役交替となる。

大モンゴル帝国は中世における陸の最大の通商国家であっただけでなく、海の通商国家でもあった。遊牧民にとっては、海の島々は砂漠のオアシスと同様の魅力があった。たとえば台湾海峡の真ん中の澎湖群島にまで通商拠点である市舶司を設置するほどだった。

当時、ユーラシア大陸東側の諸王朝は万里の長城を築き、厳しい陸禁と海禁を敷いていた。先にも述べたが、最も国際色豊かといわれた比較的オープンな唐の時代でさえ、陸禁を犯して天竺取経の旅に出た玄奘和尚（三蔵法師）を、戎兵が瓜州の辺境まで追った。また、同時代には鑑真和尚が数度にわたって海禁を犯し日本をめざすもことごとく失敗、盲目になってから日本に渡ったことはよく知られている。南宋の時代には、陸のシルクロードはすべて北方の金、夏など雄邦におさえられ、海へ出なければならなかった。同じことは同時代にユーラシア大陸の南側でも起きていた。ヨーロッパ諸国も東からの香料などをイスラム帝国におさえられ、大航海時代を切り拓く契機となった。

中国が明の鄭和大航海六〇〇周年を催した二〇〇五年前後、中国は「海洋強国」をめざして、鄭和大航海の神話を大々的に言い出したが、鄭和は明軍の遠征軍に捕えられ去勢されたイスラム教徒で漢人ではない。南洋大航海は、永楽帝が帝位簒奪《さんだつ》後、行方不明の建文帝を探し出すのが目的の一つであり、水先案内人はメッカ巡礼経験者などのイスラム教徒が主役であった。鄭和の大航海は明の大航海時代の幕開けではなく、モンゴル人の大航海時代の終焉《しゅうえん》を告げた幕引きだった。それ以後は倭寇の時代となり、明は「北虜南倭」に悩まされる時代となった。

倭寇の時代には琉球王国はすでに海のアジア史上に登場しているが、台湾は一九世紀に入ってもなお地球最後の秘境であった。海の文明を語るのには二つの指標がある。それは航海力と海洋勢力である。

一九世紀の列強の時代には、日本だけでなく、東アジア全域はほとんど鎖国の時代だった。開国維新後の日本が鼓吹した海外雄飛は西洋近代のファウスト精神に似ており、日本は再び海に出て、海洋時代の主役になっていった。日清戦争後、中国は北洋艦隊だけでなく南洋艦隊まで喪失し、日中戦争中には揚子江の重慶艦隊の水軍しか残らなかった。

現在、中国も南シナ海をめぐる島嶼領有権競争に乱入している。しかし、第二次世界大戦前、南シナ海の中心の島は大日本帝国高雄州に所属する新南群島（平田群島）だった。戦後、サンフランシスコ講和条約によって、日本が主権を放棄したために領有問題が起きた。それが歴史である。

地政学的なシーランドとハートランドの理論から南シナ海、東シナ海の領有問題を考えるには、「海の強国」をめざす中国の国是国策からも問題の出自を見逃してはならない。

中国国家戦略の変化から生じた尖閣の衝突

鳩山首相（当時）が東シナ海を「友愛の海」にしたいと発言した直後から、中国は「中国に対する公然たる挑戦だ」「戦争宣言に等しい」と罵詈雑言《ばりぞうごん》を波状的にくりかえしている。鳩山としては、この「友愛」とは祖父以来の鳩のトレードマークであり、「平和」愛好の哲学でもあると思い込んでいる。だが、一国の首相としては、あまりにも中国を知らなすぎる。

というのは、中国の国家戦略が改革開放後からはるか三〇年近くも前にすでに変わってしまっていたからだ。

毛沢東時代には、「人海戦術」や「敵を深く誘い込む」毛沢東戦略はよく知られている。毛沢東による「アメリカの空母は陸に上がれない」という言葉に象徴されるように、毛の時代にはハートランドの発想にもとづく陸の戦略だった。

「陸から海」への戦略変更は改革開放後からである。それは中国史上空前の戦略変更であった。

そもそも、中国は先にも述べたように陸禁と海禁の国であった。たしかに南宋の時代からモンゴルの元、明の初期に至るまで海に出た時代もあったが、基本的にはずっと海を忌避しつづけてきた文明であった。中国は有史以来ずっと自力更生できたので、海禁と陸禁が国是国策となったのである。

なぜ中国は「改革開放」せざるをえなかったのか。地上も地下も資源がすでに枯渇し、陸から海に出なければ中国の国家としての存立は絶対不可能だ。このような生態学的視野からみなければ、ここ三〇年来の中国がなぜ竹のカーテンを開かざるをえなかったのかという、真の理由を解せない。

「海に出なければ二一世紀の中国はない」「日本人の一人あたりの海洋面積は中国人の八倍であり、この不公平は是正されるべきだ」「日本が東南アジアから買った石油の八割は中国の海から盗んだもの」「日韓両国が中国の海から盗んだ魚介類は中国の年間水揚げ量の二倍」（じっさい中国の海洋資源掠奪は加速、漁獲量はすでに日本の四倍までに大躍進中）など、中華民族にとって海は絶対不可欠なレーベンスラウム（生存空間）だと主張しはじめたのは、八〇年代後半からである。

一九八七年、劉華清 海軍司令員（司令官）が党中央軍事委員会副秘書長に昇格した。劉は「地理的国境」の考え方から、「戦略的国境」の考え方への転換を主張した。そして鄧小平の支持を得て、中国の国防戦略を守勢から攻勢に転じた。

解放軍の戦略拠点は、ソ連崩壊後に北方の脅威がなくなったので、「三北」（東北、華北、西北）から「四海」（渤海、黄海、東海、南海）へと「戦略的国境」に国防戦略を変えたのである。この「戦略的国境」とは「戦略的国境を用いて地理的国境の範囲に影響をあたえる。戦略的国境は国家民族の運命を決定するものでなければならない」としている。同年数回にわたり「必要なときには南沙諸島の主権を回収する」と声明を出した。そして一九九二年に「領海および接続水域法」を制定して、中国の内海とされる南海、東海、黄海の水域に接する近隣諸国の排除に出たのである。

近現代中国の国家戦略　その挫折と迷走

近現代中国の国家戦略から世界戦略までについて、総括的に語られることはあまりない。国家戦略は国家、政府が作成したものだが、国力や時代の変化、ことに力関係の変化によって画餅に終わってしまうことも多い。ことに中国の場合は常に中華思想が影響するため、単なるスローガンや空疎な大言に終始してしまうことを近現代史は物語っている。だが、中国がめざす国家目標や方向性を知ることはできる。

もし国家戦略のスケールを広げスパンをのばしていけば、近現代、ここ百余年来に限定すれば、中国はやはり西風東漸、西力東来後の西洋優位の影響を受け、近代化をめざすのが一つの時代の流れとなる。具体的に言えば、アヘン戦争後の洋務（自強）運動も戊戌《ぼじゅつ》維新も、立憲運動も、辛亥革命も、社会主義革命も、そして改革開放もその実例である。

もし巨視的に「天下」と「国家」という視点に限定して見れば、少なくともここ一世紀以来、中国はこの「天下」(世界国家、世界帝国)と「国家」(ことに近現代国民国家)の国づくりに右往左往しながら、挫折と迷走を続けてきたとの一言に尽きる。

そもそも中華帝国以来二千余年、歴代王朝は一つの「天下」であって、「国家」ではなかった。だが、二〇世紀に入ってから、中国の一部の知識人も「列強」になった国民国家に憧れ、国づくりに不惜身命で奔走した。しかし、近代国民国家の国づくりにはことごとく失敗した。

だから二〇世紀に入ってから、帝国から民国、そして人民共和国、人民共和国も毛沢東の人民共和国と文革後の「権貴資本主義」と、四度も国体と政体を変わらざるを得なかった。

民国は国づくりに成功しなかったどころか、逆に政府乱立の内戦国家になってしまい、とても国家戦略を構築できる余裕はなかった。それは長い天下の歴史文化伝統から見ても、天下を無理やりに国家につくり直したから、混乱を避けられなかったのも当然だろう。

そして国共内戦の結果、人民共和国が樹立された。「世界革命、人類解放」そして「国家死滅」の建国や革命の目標から見ても、人民共和国がめざすのは「国家」ではなく「天下」であった。

儒教思想の理想からすれば「大同の世界」とは国家の否定であり、コスモポリタン的な世界である。マルクス主義思想と儒教思想には共通する考えが実に多い。共にコスモポリタン的であるだけでなく、天国(楽園)は地上にあり、天上にあるものではないと考える。マルクス主義=儒教主義とまでいかなくとも、発想の原点、原理原則の共通項は実に多い。中国の史例を見ると、王莽《おうもう》の儒教千年王国の建設は、毛沢東の社会主義革命ときわめて類似しており、共に国家社会主義的色彩が強い。失敗、挫折した類似点も多い。

改革開放は社会主義社会建設失敗の反省から社会主義の「四つの原則堅持」を掲げながら、有史以来の自力更生の路線を転換し、「他力本願」による「国家」への回帰をめざした。たとえば八九年の六・四天安門事件後の九〇年代に入ってから、国是国策を「愛国主義、民族主義、中華振興」の「新三点セット」に変えたのは、「天下」から「国家」への回帰を象徴するために違いない。

「民族主義」も「愛国主義」も「天下」志向の否定である。だが中国人にとって「民族主義」と「愛国主義」の育成は、いかなる国と比べても難しい。というよりは絶対不可能に近い。中国人にとって、「国家や民族、家族でさえも個人を乗り超えることができない」という文化、文明の伝統だけでなく、社会のしくみからも絶対不可能といえる。

「中華振興」とは中華帝国最盛期の再興という宿願だが、異なるのは、有史以来の東亜世界における地域覇権のみならず、さらに世界覇権、現代的用語でいえばパックス・シニカへの夢という点である。

改革開放がスタートした早々、「富強」（富国強兵）「世界の先頭に立つ」としきりに叫び、八〇年代の後半から「海の強国」をめざし、第一列島線から第二列島線への突破（73ページ参照）、そして太平洋をアメリカと二分することをめざしている。

習近平が全人代で「中華振興」（中華民族の偉大なる振興という中国の夢を実現する）を語り、九度も「中国の夢」を叫んだのは、中国の夢としての「中華振興」を国是として明言したのである。

陸から海への国是国策の変化は、いったいどう見るべきか。その可能性についてはどう見るべきか。日本人はもっと知るべきである。

尖閣をめぐる中国の次の一戦

そもそも中国とは多文化、多文明、多宗教、多言語、多民族の天下で、国家ではなかった。むりやりに天下を国家にしたから争乱が絶えなかった。中国とは中土、中原、中国を中心に四方に南蛮、北狄、西戎、東夷に囲まれ、いわゆる四夷八蛮との間で、地政学的、生態学的相違から共生の生存条件が不可能なゆえ、華夷の抗争もさけられなかった。

だから、有史以来、統一と分裂、中国的表現でいえば「一治一乱」をくりかえしてきたのである。「馬上天下を取る」「銃口から政権は生まれる」易姓革命の原理が国家存亡の歴史法則にもなっているのだ。

道徳をもつ「有徳者」が天命を受け、天に代わって天子として万民を統率するという建前で、秦・漢や隋・唐のような天下国家が築かれた。北方夷狄のモンゴル人の元や満州人の清が中国を征服したにしても、それでも中央の政治的求心力と地方の経済的遠心力の拮抗を解消することができなかった。たとえば一八世紀末の白蓮教の乱から文革終結に至るまでの百七十余年にもわたって内戦、内乱、内紛が絶えなかったのは、まさしくその中央と地方の拮抗の原理からくるものである。二〇世紀に入っても、清帝国が崩壊、中華民国、人民共和国と国の「かたち」を三度もかえた。改革開放後に香港・マカオと中国との「一国両制」がよく知られるが、通時的から見れば毛沢東時代の前三〇年の「中国的特色をもつ社会主義」と改革開放の三〇年の「権貴（特権貴族）資本主義」といわれる国の「かたち」こそ同じ看板を掲げていても、むしろこの三〇年ずつの政治実体の方が正真正銘の「一国両制」だ。

この不安定きわまりない中国の社会と国家を一つにするのには、まず民力結集をテコに外敵を創出せざるをえない。それが中国の国家としての宿命である。

たとえば、人民共和国の成立後、インド、ソ連、ベトナムに限定戦争をしかけなければならなかったことも、じつにこの悲しい宿命から生まれたものだ。陸の国境戦争が終われば、南海、東海など「四つの海」とも中国の「内海」と主張、東南アジアの環南シナ海諸国と日本にケンカを売らなければならないのも、この宿命ゆえである。

では中国はなぜ日本を好個の外敵として選ばざるをえないのかというと、米・ソのような超大国に挑むのは決して得策ではなく、日本はただ恫喝しただけでも、すぐ条件反射的に「反省と謝罪」をしてくれるので、人民へのみせしめにも役立つからだ。

八〇年代の後半から中国はあれほど「歴史」と「靖国」問題で日本にケンカをしかけ、日本は数十回も「反省と謝罪」をしただけでなく、首相が代わるたびに自国民よりも先に中国政府へ「参拝に行かない」と報告するのに、なぜそれでもまた「尖閣」問題なのだろうかと首を傾げる人も少なくなかろう。尖閣沖海域での中国漁船体当たり挑発はただ日本の反応を試す序戦にとどまっている。二〇一一年六月一七日に予定されていた海外華僑による「千船保釣」と称される包囲占領作戦（中止）は、まさしく元寇以来の危機であろう。官製反日デモと同じく、党の統率はむずかしいので不発に終わった。そしてそれにつづくのが、反日デモでも見られたように「琉球回収・沖縄解放」の大合唱である。もちろん日本に対する「東海省」や「倭族自治区」の吶喊《とっかん》はただ犬の遠吠えにすぎない。

中国人にとって「海」は未知の暗黒世界だった

中国では、経済の成長と規模拡大にともない、石油のみならずエネルギー資源の需要がますます高まっている。エネルギー資源が確保できなければ、民族生存の危機だ。資源確保のため、世界各国から資源を買いあさるために、何がなんでも海に出ていかなければならない。そういうわけで、中国は軍拡に突き進み、世界中で資源争奪戦を演じているのである。

中国はそもそも伝統的に閉鎖的な大陸国家で、中国の歴史始まって以来、厳しい「海禁」と「陸禁」を敷いてきたことは繰り返し述べてきた。中国人が自慢する万里の長城にしてからが、北方の諸民族に備えて築いたもので、陸禁の象徴だ。

陸禁、海禁をしなかったのは南宋王朝とモンゴル人統治の元で、南宋が海禁を敷かなかったのは、北方を金に抑えられていたため、海を開いて通商をしなければやっていけなかったからだし、元は巨大な通商国家だった。

それ以外の時代はほとんど、断続的に厳しい海禁と陸禁を敷いてきた。清はアヘン戦争（一八四〇〜四二年）以降、五つの港を開いたが、開国はしなかった。中華人民共和国時代も、最初は厳しい鎖国状態、「竹のカーテン」で覆われる謎の国だった。それが突然海に出はじめたのだから、たいへんな豹変《ひょうへん》ぶりである。

もとをただせば、中華文明の主流は内陸奥深くに発し、徐々に周辺に広がったものだ。だから大地に根づいて生存し、土地に安心感を求める。そういう中国人にとって、海はきわめて不安なイメージを抱かせる対象だった。「海」という字は「氵」（さんずい）と「毎」から構成されているが、「毎」は元来「暗い」という意味で、発音も「黒」と同じだった。つまり中国人にとって、海は未知の暗黒世界だったのだ。だから、国の都が沿海につくられることはなかったし、「海の英雄」の物語もまったくない。

中国が海軍を創設したのは一九五〇年代に入ってからのことだし、清国時代に北洋艦隊と南洋艦隊がつくられたとはいえ、実戦には耐えられず崩壊している。日中戦争期に揚子江（長江）上流の重慶艦隊だけが生き残ったが、それは海軍というより水軍である。中国は昔から、水軍はあっても海軍はなかったのだ。

それにもかかわらず、現在、中国は「中国人は海洋開発を四五〇〇年前から開始していた」と主張する。噴飯《ふんぱん》ものであるが、これはもちろん、周辺海域をすべて「中国の内海」だと主張するための方便にすぎない。

南沙諸島を中国の領土であるとする呆れた理由

中国の主張がどうあれ、実際に中国が海に目を向けるようになるのは、文革が終わって改革開放路線に転向した後、一九八〇年代末からである。南シナ海の中心にあるスプラトリー諸島（南《なん》沙《さ》諸島）をめぐってのことだ。

同諸島は、戦前日本が新南群島という名で、台湾・高雄市に属するものとして領有していたのが、敗戦後、一九五一年九月八日に調印したサンフランシスコ講和条約によって放棄され、帰属先未定のまま放置されていたものだ。それが、七〇年代後半に石油やガスなどの海底資源の埋蔵が確認され、ベトナム、インドネシア、フィリピンなどが、この空白地帯領有をめぐって争うようになった。そこに中国も、資源目当てに進出してきたのだ。

中国は一九八八年に八カ所の暗礁を占領し、軍事施設を構築するなどした。しかし主な島嶼は各国に占領された後だったため、「南沙諸島は中国が周代以来統治している神聖なる領土だ」と主張しはじめた。

「漢の時代には発見され、中国人が住みだした」「中国船が寄港地としてきた」「明の鄭和《ていわ》が遠征したとき、すでに中国人が住んでいた」等々、ほかにもいろいろな主張が見られるが、いずれにせよ、中国の古文献にその諸島のことらしきものが描かれているとかで、例によって一方的に「神聖不可分の領土」と決め付けているのだ。

一九九五年にフィリピン政府が中国船を拿捕《だほ》したとき、その船から漢字が刻まれたおかしな石碑が発見された。結局それは南沙諸島が古来中国の領土であるとの「歴史的証拠」にするための偽造石碑であることが明らかになった。中国はここまでしても、嘘を事実と言いくるめたいわけだ。

それより先、一九九二年に、ASEAN《アセアン》（東南アジア諸国連合）外相会議が、スプラトリー諸島の領有権を棚上げする「南シナ海宣言」を採択した。これに対して中国は「領海法」を制定し、南沙諸島と西沙諸島（パラセル）のすべてが中国の領土であると一方的に宣言、同海域を外国船が通過する際は中国の許可が必要であるとし、もし領海侵犯を行った場合、中国海軍は実力で排除することができるとした。

一九九二年にアメリカがフィリピンのスービック海軍基地から撤退すると、一九九五年にはフィリピンが領有を主張しているスプラトリー諸島のミスチーフ礁に、「漁民の避難所」として軍事施設を建設し、同諸島が中国領であるとの「既成事実」をつくりあげ、そのうえで、南シナ海の共同開発をASEAN諸国に呼びかけているのである。

マラッカ海峡からスプラトリー諸島にかけての海域は、世界の全貿易物資の一五パーセントが通過する有数の通商ルートだ。日本にとっても、貿易量の半分が通過する重要なシーレーンであり、ここを中国に押さえられたら、日本は窒息する。

したがって、中国にとって、この海域を制覇することは、経済権益のうえで重要であるだけでなく、日本、そして世界への覇権拡大という軍事面でも非常に大きな意味合いを持つのである。

国家の生存をかけた海洋進出

改革開放後、中国は国家戦略が変わった。それは陸から海への変化である。

一九八七年、劉華清《りゅうかせい》が党中央軍事委員会副秘書長に昇格してから、「戦略的国境」に国防戦略を変えたこと、およびその背景に中国の陸上資源の枯渇があること先に述べたとおりである。

そこで黄海東部では領海主権をめぐり、韓国と大陸棚と経済水域問題で対立し、東シナ海東部では、尖閣諸島と大陸棚を日本とめぐり争い、バシー海峡では、経済水域をめぐってフィリピンと、南沙諸島では環南シナ海諸国と争いつづけている。

とくに南シナ海については、ベトナム、フィリピン、マレーシア、ブルネイ、台湾諸国が合計三五の島礁を占有しているが、中国が、二一世紀の中国人にとって絶対に欠かせない民族の生存空間であると位置づけ、二一世紀の重点戦略として考えているようだ。

大陸国家の中国は、海洋開発の技術も資本もほとんどもっていないので、領海法を制定し、主権を主張しながら、海底資源の開発権を多国籍企業に貸し、あるいは共同開発を呼びかけるほか、急速に海軍力増強による主権の確保を最大課題としている。

国連の「海洋法公約」が発効してから、中国は積極的海洋進出をめざして、二〇〇海里経済水域と三五〇海里の大陸棚を境に、東アジア大陸の北方は日本列島の西海岸から南はボルネオの近海にいたるまで、いわゆる黄海、東シナ海、南シナ海の海域、中国大陸の土地面積の約三分の一にのぼる面積の海域は、すべて中国のものだと主張しはじめている。日本は海洋の中間線が公正だと主張するが、それを拒否し、大陸棚の自然延長だとして強硬な姿勢で臨んでいる。

陸地と海洋面積の比率からみても、中国は一対〇・三、ベトナムは一対二、インドネシア、フィリピンは一対一〇である。だから中国沿岸の海域、大陸棚、そして南シナ海は、中国人がこれから生存していくためには、なくてはならない最低限の生存空間であるというのだ。

中国が台湾に固執するのには、「中華民族の生存空間」の確保、拡大という、もっと重大な理由がある。そのことは、海洋は「一三億の中国人にとって絶対に欠かすことのできない民族的生存空間」であり、「海洋に出なければ中国人に未来はない」と断言し、国家戦略を「四海」（黄海、渤海《ぼっかい》、東海、南海）重視へと転換して、海洋進出の動きを強化していることにも現れている。

中国は資源貧国で陸上資源はすでに底をつき、一九九三年から石油輸入国に転落している。資源を確保するには海洋に進出するしかない。台湾は、地理的に中国の急所を押さえる場所に位置し、台湾を押さえておかなければ海洋進出は不可能だし、日本の南進を押さえるためにも、台湾統一は不可欠なのである。

中国の海洋進出は陸の資源枯渇が原因

大航海時代からすでに六〇〇年以上経ち、ユーラシア大陸の陸の世界帝国に代わり、ポルトガル・スペイン・オランダ・イギリスと海の帝国の興亡があった。ハートランドとシーランドという地政学的論がその帝國の興亡を論じられている。

では、なぜ従来陸禁と海禁を数千年にわたって「竹のカーテン」の時代に至るまで千年の陸の天下国家が改革開放後に急に海に出ようとして、海上覇権だけでなく、国是でも「走出走」（出て行く）という海外大移民の時代をむかえたのだろうか。

そのもっとも根本的な理由を知るのにはむしろ「生態学」から見なければならない。従来中国は「地大物博」と自他とも思われてきた国であっても、すでに一七世紀から地上のあらゆる意味での資源が枯渇、地下も枯渇、数千年来ずっと一億が限界の人口数が一九世紀中葉には四億、現在では公式一三億余、実質一五億余という人口過剰の時代を迎え、すでに「自力更生」の国是国策が絶対不可能になった。改革開放はまさしくその時代の要求である。そして海が絶対欠かせない二一世紀の中国人の生存空間と主張、南シナ海も東シナ海も中国の内海だと主張せざるをえないのである。

だから、尖閣、沖縄の安全問題を考えるのにさいし、それは、ただの「島」というよりも「海」、つまり海上覇権、海洋資源の視点から見逃してはならない。

中国政府の調査では、ロシア、アメリカ、イギリス、日本各国の石油会社は、周辺諸国と結託して、すでに黄海、東シナ海、南シナ海諸海域で、石油と天然ガスを五百余カ所で採掘している。マレーシアの石油は、その七割を中国の主権水域から採掘している。フィリピンはこの一帯の石油資源をたよりに、長い間、石油輸入による苦境を改善してきた。インドネシアとブルネイは、南シナ海の石油を大量に世界へ輸出している。

中国の石油資源は、年間一〇〇〇万トンの数量が、無償で他国に流れ出していると指摘している。そのうえ、中国が所有すべき魚介類も周辺諸国に略奪される。初歩的な統計では、毎年盗まれた魚介類は、中国の年間漁獲量と同量であると非難している。それは中国の海洋主権が守られていないからだという指摘である。

要するに中国からみれば、日本がブルネイやインドネシアから輸入する石油の大部分は、中国の海域からの盗品であるということになる。

そこで、中国政府はしきりに中国の主権を侵犯した周辺諸国に警告を発している。

「一三億の人民を有し、数百万の大軍を擁する大国に対して、これ以上の侵犯は、恥辱であり、我慢ができない」云々と。

中国の資源問題については、相対立する二つの代表的な見方がある。一つは通商要求を行う英王ジョージ三世の特使マカートニーに対する乾隆《けんりゅう》帝の不遜な態度、つまり「天朝にはないものはない。ほしいものがあれば恵んでやる」というセリフにも見られる「地大物博」の伝統的資源大国観、そしてもう一つは、毛沢東に代表される「一窮二白」（すかんぴんにして無知蒙昧）という見方だが、どうも乾隆帝より毛沢東の分析のほうが正しいようだ。

中国の教育では、「歴史悠久、地大物博」の国自慢を教えるのが国是だ。よって中国人たちは、「地大物博」を自慢してやまない。

しかし、乾隆帝の説が正しいならば、どうして一九世紀から今日に至るまで、中華の大地で水害、旱魃、疫病、飢饉が絶えることなく、そのため一〇〇万、一〇〇〇万単位もの餓死者が出ていたのだろうか。もちろんそれは一代の政治経済問題だけではない。飢饉の繰り返しというものは、地上資源の欠如を実証するものである。一八世紀末の白蓮教徒の反乱から文革に至るまでの一六〇〇年間にわたって絶えない内乱、内戦、内紛も、有限資源争奪のシンボルなのである。

それに対して、地上資源はなくても未開発の地下資源はあるとの反論もありそうだが、地下資源というものは、人口に比例する利用価値と原価計算で合わなければ、価値はないに等しいのである。それに特殊な鉱産物を除いては、ほとんど見るべきものがない。エネルギー資源をはじめ、食料資源まで、中国がすでに輸入国に転落していることは、その何よりもの証拠である。

以上は自然資源の話であるが、それでは経済的概念によって創出される資本や技術の資源はどうかというと、これもいまや対外依存率は六〇パーセント以上であり、やはり欠乏の状況だ。

では一三億もの人口を抱えるこの国で、経済的、あるいは文化的資源を創出する人的資源はどうかというと、人が多ければ、すべてプラスであるというはずがない。とくに中国の場合、膨大な人口が逆に大きな国家負担となっている。一人っ子政策を断行せざるをえなくなっているのも、もちろんそのためだ。

中国人は「世界一聡明な民族」を自称はしているものの、実際この国は識字率も低く、というよりも、情報鎖国下の国である。それだけでなく、一人ひとりが、権力を完全掌握した「英明な領袖」の指導の存在がないと不安に陥り、社会の安定さえ維持できないような人間集団なのだ。

このように中国は、社会資源もまったく欠乏した国なのだ。あらゆる資源が欠如している以上、ことに地下資源が枯渇しつつある以上、対外的にはエネルギー資源の鯨飲、略奪を行うだけでなく、資源戦争の準備もせざるをえないのだ。

この資源戦争において中国は、地上と地下の資源の争奪だけでなく、あらゆる資源の確保へと向かって行かざるをえない。そこで唱えているのが「超限戦」である。

人口と資源問題をめぐり、世界との全面戦争は避けられないということは、中国の軍部や民衆の間では「常識」として定着しつつある。中国の脅威というものは、その資源の枯渇からくるものなのである。

私が台湾での小学校時代、ときの中国人化教育のなかで、「中国は地大物博であり、世界一資源が豊富な国だ。だから列強に侵略された。将来もしその地下資源を利用したら、世界一富強の国となるだろう」と教わった。もし中国人が、実際には中国は資源最貧国であると知ったら、彼らは相当大きなショックを受けることだろう。

たしかに中国は、古代は資源豊かな国だったかもしれないが．しかしその後、地上資源は早くから枯渇し、そのため山河崩壊が起こり、飢饉も続発し、一〇〇万人単位．一〇〇〇万人単位の餓死者が、周期的に見られてきた。

今日のいわゆる「三農問題」（農業・農村・農民問題）は、実質的にはそうした生活環境のなかでの生態学的な問題なのだ。七億〜八億の農民が、「九重苦」といわれる世界最貧窮の状況などは、地上資源枯渇の結果であるにすぎない。地下資源がきわめて乏しいことも、最近ようやく世界にも知られるようになったが．それに加えて環境汚染の問題が深刻化し、国土はいわば破滅的状況だ。

その中国が今後も経済成長を継続していくうえで不可欠となるのが、大量の資源輸入である。だから中国は目下、全世界でエネルギー資源、食料資源等々、地上、地下の資源を買いあさり、資源争奪戦争を各地で展開しているわけだ。

シベリアの地下資源をめぐる日中の争奪については、日本でもよく伝えられているが、中国は地下資源が枯渇するにつれ南シナ海の沿岸諸国と海底資源の争奪を開始し、さらに北上して東シナ海でも、日本との資源争奪を演じつつある。そしてその次にめざすのは太平洋への進出であり、海での力を強化することだ。

中国は一九九三年から石油輸入国に転落しているが、経済の成長と規模拡大にともない、ますます石油の需要を高めている。だからもしシーレーンを確保できず、万が一アメリカから妨害されれば、その経済活動は窒息してしまう。そのため海軍力を増強し、海洋覇権をめぐって日米と争わざるをえないのだ。対外依存度が高ければ高いほど、アメリカにも対抗できる海軍力を保有しなければならなくなる。

そのため中国にとって生き残る道は、アメリカに軍事挑戦を行うか、パックス・アメリカーナを認知する以外にないのである。もちろん中国は前者を選ぼうとするだろう。パックス・アメリカーナの認知は、中国にとってはアメリカへの「従属」である。だから中国政府は、「アメリカの独覇」を打倒目標に掲げているわけである。

中国は二〇〇四年一〇月、イランと天然ガスの購入契約を結んだ際「もしアメリカがイランに対する経済制裁措置を国連で提案したら、我々は拒否権を行使する」との声明をあえて出したのは、やはりアメリカを敵に回してでも資源が欲しいからだ。自国民虐殺でさんざん国際社会から非難を受けながらも、それでもやはり自国民虐殺で非難されるスーダンにあえて支援を行うのも、その国の石油エネルギーが必要だからだ。

こうした事態を受け、アメリカのエネルギー省は二〇〇六年二月、「中国が世界中で行っている資源開発が、アメリカの安全保障上の脅威になる」との報告書を提出している。そこでは「中国の資源戦略は専制体制の国に寛大。アメリカの自由と民主主義を拡大する外交努力を損ねる可能性がある」と強調されている。

今後石油を鯨飲しなければ経済成長を支えられない中国は、サウジアラビア、イラン、旧ソ連諸国だけでなく、アメリカの裏庭である中南米の石油にまで手を伸ばしている。そこで当然起こるのが地球の有限資源をめぐっての米中対立だ。中国はエネルギーをはじめ、あらゆる資源の物流を確保するため、太平洋、インド洋、さらには大西洋においても、海洋勢力としてアメリカに対抗せざるをえなくなっている。

かくして米中はお互いに、潜在的な敵性国家から、公然たる敵性国家と見なしあうようになっているのである。このようにして両国間のエネルギー戦争は不可避になりつつある。中国によるアメリカの石油会社ユノカルの買収（結果的には失敗したが）などは、その前哨戦であると見てよいだろう。

空母保有に躍起となる中国の狙い

中国は国家戦略を「地理的国境」から「戦略的国境」（大陸棚国境線及び陸海空宇宙の三次元空間）へ変えてから勢力拡大政策へと向かって、確実に着実に軍事力を増強しつつある。

国防予算の連続二一年二ケタ増の中で宇宙戦争のための宇宙開発、情報戦争としてサイバーウォー、さらに超限戦をも戦略として提起され、空母の建造はすでに九〇年代に入ってから積極的に計画をすすめている。

二〇〇五年七月一二日、韓国自力建造の一・四万トンの軽空母が釜山港で進水し、二〇〇七年七月三日に就役した。この韓国の空母保有に最も気をもむのが、ほかならぬ中国だ。この国は人口一三億の大国でありながら、ここ数十年間にわたって空母保有を熱望しつづけても、なかなかそれを手にすることができないでいる。

韓国の、たかだか六・六万人の海軍ですら保有したというのだから、焦燥感に駆られるのは当然だろう。

だが、中国にとってもっとも不安なのは、やはりライバルの超大国であるインドが空母を二隻も保有していることだろう。インドはさらに二〇一一年に国産空母「ヴィクラント」を完成させ、インド洋を完全に押さえそうだ。

さらに、中国が最も気に入らない国といえば、それは日本だ。日本は日露戦争後、海軍力を急速に拡張し、はるか八〇年前の昔である一九二七年には初の空母「赤城」を就役させていた。そしてさらに「加賀」「飛龍」「蒼龍」「翔鶴」「瑞鶴」など九隻を建造し、一九四一年一二月八日には、六隻の空母と四〇〇機の艦載機で真珠湾を襲撃している。第二次世界大戦終結まで、日本は一〇隻の空母を保有していたのだが、敗戦後は憲法九条のために、「自衛の範囲を超える」空母は保有できないとされている。しかし中国からしてみれば、海上自衛隊は実質的には空母を持っているということになっている。一つは一九九八年三月に建造した排水量一・三万トンの輸送艦「おおすみ」だ。日本はそれをただの「輸送上陸艦」と詐称しているが、輸送艦として仮装した空母だ、といっている。またもう一つは二〇〇四年度の防衛予算のなかから、一二〇〇億円をかけて建造した一・九万トンのヘリコプター護衛艦「ひゅうが」だ。中国にすれば、それは「空母の性能を持つ戦艦」であり、「日本は空母を建造して、アジア一流の軍事強国をめざしている」と非難しているのだ。

周辺諸国間で高まる空母保有ブームは、中国にとっては多大なる脅威であり、何とか自国も保有しなければならないと考えている。中国の主張によれば、第二次世界大戦以来、空母は攻撃性の兵器だったが、中国だけは空母保有の目的が異なり、輸送と海底資源の保護のためだという。要するに核保有の理由と同様、あくまでも自衛用だと強調しているのだが、中国を攻撃しようという国はどこにも存在しないのである。ことに、いかに日本を警戒しても、日本には「戦意」など微塵もないのである。

もっとも中国に三隻の「空母」が存在することは存在する。旧ソ連圏から「テーマパークなど、非軍事的な目的」で購入した、「ミンスク」「キエフ」「ワリヤーク」である。そのうち大連で係留される「ワリヤーク」は「遼寧」に改修された。

中国が中古の空母を購入したことについて、サミュエル・ハンチントンは『引き裂かれる世界』のなかで、恐らく台湾を威嚇する目的ではないかと分析している。

国際評価戦略センターの報告は、もし先に紹介した「ワリヤーク」が東シナ海に実戦配備されれば、同海域における日中パワーバランスは、中国側が決定的に有利になるとしている。

日本の海上自衛隊は今の時点では、全体的な力では中国海軍より優位にあるものの、対艦ミサイルや潜水艦での戦力では、中国が日本をしのぎつつある。海上自衛隊は対艦弾道ミサイルを持っておらず、原子力潜水艦も持っていない。憲法九条により、「自衛の範囲を超える」戦力は保有できないからだ。

日本の空母保有に神経を尖《とが》らせ、自国の空母保有を熱望し続けている中国はどうかというと、二〇〇六年三月に、中国軍総装備部の汪致遠中将が、中国製空母の建造を計画していることを明らかにしたのが最初である。

空母二隻を建造するために一三億人に一人あたり四元（約六〇円）の募金運動を開始、同時に空母二隻のための海軍基地数カ所――上海、旅順軍港などの拡張工事に踏み出し、空母海兵学校の卒業生も九〇年代初から続々と輩出し、あとは空母の完成を待つのみで、最近では二隻からさらに六隻まで増強する予定である。

空母建造のため、中国はすでに自力で空母を建造する〇四八工程計画で、二〇〇〇億元（約三〇〇億ドル）を投入、三隻を建造する予定で、四万余トン級の空母は、二〇一四年進水、原子力空母は二〇二一年建造、三隻目の中型空母は二〇二四年就役の予定である。

日本には「戦意」などまったくなくても、中国は着々と開戦準備を進め、日本との「次の一戦」を、「避けられない」ものとしてさかんに論じている。それに対して、日本はどうすべきなのか。

日本は、国家目標や世界戦略を打ち立てておらず、国民にも国家意識がほとんど存在しなくなっているという弱みがある。中国の言いなりになることを日中友好と考え、日本国民の感情より中国国民の感情を優先し、中国が怒るか怒らないかを外交、国策の基準としてやってきた。

このようなことでは、「次の一戦」で勝てるはずがない。人類の戦争史を見ると、戦争の勝敗はハードよりもソフト面で決まることが断然多い。ソフト面を強化しないかぎり、日本は敗れることになる。

陸と海で反日包囲網を築きはじめた中国

中国の対日戦略として、いわゆる「上海協力機構」というものがある。これは二〇〇一年に中国、ロシア、カザフスタン、キルギス、タジキスタン、ウズベキスタンの六カ国で結ばれた多国間協力組織であるが、じつはこれは内陸における対日の第一包囲網なのである。

そしていま、第二の対日包囲網を中国は構築しようとしている。それはつまり、海からの対日包囲網なのだ。中国、北朝鮮、韓国という三つの反日国家と、日本との間で北方領土問題を抱えるロシアと連携して日本の北側と西側を包囲し、さらに台湾という親日国家を反日国家にして、完全に海からの反日包囲網を完成しようと考えているのだ。地政学的には陸からも日本を封じ込めようというハートランド＋シーランド理論に基づく戦略である。

これまでは中国はなるべく日本との対立を避けながら、原則的に尖閣は中国のものであると口では強調してきた。それが近年、強硬姿勢に出たのは、海と陸の対日包囲網がほぼ完成しつつあることの証左でもあるのだ。少なくとも自信がでてきた行動とも読み取れる。

二〇〇八年、馬英九政権が誕生してすぐ、台湾の観光漁船が尖閣諸島に侵入し沈没したという事件があった。そのとき日本は一応船長を強制送還した。そのとき、台湾の首相（行政院長）は日本と一戦交えることも辞さずと強硬姿勢を示した。しかも将官クラスの軍事専門家と称する者がテレビの討論会に出てきて、もし台日が戦えば、数時間以内で中華民国の国軍は日本に圧勝すると豪語したのだ。これに対し「本当かよ」という視聴者からの電話がテレビ局に殺到したが、台湾が国民党政府に変わり、反日姿勢を示した例であった。

そのような台湾の変化を中国も冷静に観察していた。台湾でさえ中国の反日包囲網に入れてしまえば、もう完全に日本は袋のねずみとなる。そうこうしているうちに、日本では社会主義政権に近い民主党政権が成立し、普天間基地の問題で日米間がギクシャクしはじめた。そうした日米の防衛体制の空白を狙って、台湾でも反日感情が高まりやすい尖閣問題を起こせば、台湾は中国側につく、と中国は読んだのである。

そして中国が次に狙うのは沖縄である。これは後述するが、天安門事件後の一九九〇年代に入ってから、中国は、沖縄は日本の侵略によって強奪されたのであり、琉球は中国の固有領土であると、学者やメディアを駆使して主張するようになった。まだ中国政府として公式に発言はしていないものの、学者や政府関係者の話として、そうした主張が少しずつ出るようになっている。

じつは、台湾の中華民国政府も沖縄を日本領土としては認めていない。だから大使館にあたる台湾代表処を東京と沖縄の二カ所（台北駐日経済文化代表処と那覇分処）に置いてある。

このように、中国の対日本の領土主権の主張は、尖閣だけではない。尖閣に対しても、島の実効支配をしたいのではなく、二〇〇海里の経済水域を獲得したいという魂胆がある。だからこの無人島が欲しいのではなく、ようするに海洋権益を手中にしようという狙いなのだ。

そして、その次に琉球返還要求が目標となる。そして最後には、中国ネット世論が主張するように、日本の西半分を「東海省」として東半分を「倭族自治区」というように支配しようという狙いなのだ。

もちろんこれは、物理的に支配するというよりも、属国化、あるいは属国化までいかなくても、フィンランド化でもいい。フィンランドと旧ソ連の関係のような、つまりソ連の言うことには反対しない、というような従属関係に持っていきたいと考えているのだ。いわゆる「戦略的属国」である。

ここまでくれば中国のアジアの覇権が確立し、世界をアメリカと二分する勢力圏を手に入れるということになる。

すなわち、中国の狙いは日本の領土だけではない。単に日本と中国の関係だけ見るのではなくて、東シナ海と南シナ海も含めて、日米関係も含めて見ないとだめなのだ。

だから、中国漁船が日本の巡視船と衝突した事件は、偶発ではない。周到な計画と用意の中で実効支配を狙った「試し」なのだ。ようするにやってみて、日本の反応を見ながら、それができれば次の一手と、戦略を一歩ずつ進めていこうとしているわけだ。

第一列島線から第二列島線へと勢力を伸ばす中国

今後、中国は日本や他の国々とどのようにかかわろうとしているのだろうか。まず、ここでは軍事戦略について見ていきたい。

中国は軍事的には、第一列島線と第二列島線という考え方を採用し、軍事地図にはそのように描かれている。

第一列島線とは千島列島、日本列島、台湾、フィリピン、ボルネオ島の東側海域をつなぐラインだ。第二列島線は伊豆諸島を起点として、小笠原諸島、グアム、サイパン、マリアナ諸島にいたるラインだ。沖ノ鳥島もこの線上に位置する。この両線の間がすなわち、アメリカの勢力下にある西太平洋である。

第一列島線は中国にとって、本土防衛のためにアメリカの航空機動部隊を阻止するラインである。そのためになんとかこのラインはみずからの影響下に収めたいと思っている。

中国の潜水艦が、この列島線を越えて太平洋に出るルートとしては、東シナ海から沖縄の宮古海域を通過するルートと、南シナ海から台湾・フィリピン間のバシー海峡を通るルートがあるが、前者は幅員が狭く水深も浅いため、探査されやすい。一方、後者は水深が深く、潜水艦にとって都合がいい。中国にとっては唯一の太平洋への出口であるバシー海峡だが、現在ここを押さえているのは台湾の海空軍である。そこで台湾を併合することができれば、バシー海峡の通行が自由になるのはもちろん、台湾そのものが太平洋をにらむ中国の不沈空母となり、第一列島線を突破できるともくろんでいる。

二〇〇四年、中国の海軍軍事学術研究所の姜志軍所長は「中国の海域は第一列島線による封鎖、あるいは半封鎖の状態に置かれている。南シナ海をのぞいては、中国沿海はみな太平洋の正面にあり、第一列島線からは有効な攻撃距離内に入っている。第一列島線によって封鎖されている限り、わが海軍力では、そこを突破して防御を行うことは困難である」「台湾は本来わが国の天然の門戸であるが、他国の対中国攻撃の跳躍板（ジャンプ台）となりかねない」としたうえで、「もし台湾問題さえ解決できれば、海上安全の戦略問題は解決できる。先祖が残してくれた理想的な海への出口である台湾が手に入れば、太平洋への東進の道が開かれることになるのだ」「祖国大陸と台湾の統一が完成したら、第一列島線は自然に打破され、中国軍は縦に深い海上防衛線を拡張することができる」「そのとき台湾海峡は中国国内の安全な海上輸送路となり、軍事力や戦略物資の南北間の移動は便利で安全なものとなる」と主張している。

そして台湾当局の「分裂」への動きに対し、「祖先に背くものは、駆逐するしかない」とし、「主権を防衛するためなら戦争など恐れない。破壊があれば再建すればいい」と、中国の対台湾攻撃の決意を強調した。

中国の台湾併合が実現したら、西太平洋への直接の進出が可能となるだけでなく、韓国、そして日本をもその影響下に置くことが可能となる。なぜなら、日本の太平洋や南シナ海のシーレーンを中国は押さえることができるようになるからだ。

また、周辺諸国と係争中の南沙諸島についても、台湾が領有する最大の島、太平島も手中に収め、その島をめぐる領海も排他的経済水域となれば、南シナ海への航海はほぼ中国のものになり、東南アジア諸国に多大な影響力を行使できるようになる。

そればかりか、それとマラッカ海峡を挟んでつながるインド洋へ進出し、世界の石油ルートを押さえることも可能となる。中国が輸入する石油の九割近くは、このルートを通じてのものだ。

これまで第一列島線を越えることはないと見られていた中国の海洋調査活動だが、近年、この西太平洋海域での調査活動がすでに実施されている。

二〇〇四年から、日本の最南端領土である沖ノ鳥島の周辺海域で、中国海軍の海洋調査船などが調査活動を開始した。日本の許可を得ない調査であったため、日本は停止を求めたものの、中国はこの日本の排他的経済水域を「公海だ」と主張して、無視した。こうした調査の目的は、同海域での潜水艦作戦に必要なデータを入手することだと見られている。

台湾攻略には西太平洋海域に潜水艦を展開する必要がある。それに核ミサイルを搭載することで、アメリカの軍事介入を牽制し、あるいは横須賀やグアムの空母機動部隊や原子力潜水艦の出動を阻止することが十分可能になる。

グアムまで一〇〇〇キロの地点にある沖ノ鳥島での調査実施は、中国がいよいよ第二列島線を確保する動きに出たことを示すものである。

日高義樹氏は『正論』の二〇〇六年八月号に、「媚中派政権なら中国は尖閣を占領する」という論文を掲載したが、民主党という媚中政権による尖閣体当たり船長の件をめぐる中国への全面無条件降伏、そして中国の強硬姿勢を見るかぎり、日高氏の予言は的中したのである。

中国の尖閣占領という事態に対して、日本はどうやって対処したらいいのか。日本は核を持っていない。自衛隊はあっても国家の軍隊と見なされていない。となると、もし軍事衝突の事態になれば、米軍をあてにする以外に方法はない。

日本ではあまり論じられていないのは、何度か述べたように中国がすでに地理的国境から戦略的国境へと国家政策を変更したことだ。つまり第一列島線が中国の国家防衛の国境になっているということだ。そして中国は第一列島線を突破して第二列島線に展開、東アジア、東南アジア諸国の動きを封じ、アメリカを牽制しようとしている。これが地理的国境線から、戦略的国境線への転換を図るものである。

中国では二十数年も前からすでにそのように国家戦略が変わっているにもかかわらず、日本はまだ旧来の考え方のまま、正面から取り組んでいない。

最近やっと日本のマスメディアに出てきたのが、中国の「核心的利益」という言葉だ。この核心的利益というのは、中国にとって絶対に一歩も引けない、妥協の余地のない利益のことであり、たとえ核戦争までやっても譲らない一線を意味する。そして、最近はこの解釈が、どんどん広がっている。

少し前には、チベットとウイグルと台湾は中国の核心的利益であり、絶対に一歩も譲れない、ということになっていた。それが今では、南シナ海も東シナ海も核心的利益だと言い出した。この言葉は政府が公式に言っているわけではないが、しかし、中国の政府系メディアはさかんに使用するようになってきている。

いずれ沖縄も日本も太平洋も、中国の核心的利益だということになる可能性がある。

中国人の「天下国家」論

中華帝国時代の中国人は「天下王土に非らざるものなし」という王土王民観をもっていた。もちろんあの時代の「天下」とは決して「世界」を指すものではなく、秦漢時代に入ってからさえ、中国人が考えている「天下」とは、せいぜい中華帝国の版図ぐらいのもので、海は不可知の世界となっていた。

そもそも「中国」や中土、中原と称される文明発祥の地は黄河中下流域であった。約二〇〇〇年前からの六朝時代には中国とは主に華北の地を指すところで、長江（揚子江）以南の江南は「江右」と称され、「中国」としては認められていなかった。

中国人の理想的世界や国家とは天下一国主義だから、中国を中心に、天命をうけた「有徳者」（道徳を有する者）を天子として万民を統率する「天下国家」だ。もちろんそれは「近代国民国家」の「国のかたち」とも異なる。きわめてコスモポリタン的な世界観だった。具体的にいえば秦漢帝国も、隋唐帝国も、二〇世紀初頭に崩壊した清帝国も、それは「天下」であって「国家」ではなかった。

だから二〇世紀初頭前後、ことに戦前日本の東洋学者や支那学者のなかで、「支那非国論」や「支那無国境論」という主張や論議が交わされた。その主張は正しい。中国の代表的文化人である梁漱溟なども、欧州諸国はなおも「国家」の時代とされ、中国すでに昔々、国家をはるかにのりこえて、一つの「天下」になっている。「政治から文化へ」「国家から天下へ」と西洋よりも進歩発展していることを国自慢しているのだ。

だから中国人は伝統的には「国家」よりも「天下」をめざしているのだから、マルクス・レーニン主義が唱える「世界革命、人類解放」の社会主義理想にすぐ飛びつくのだ。

だが、天下一国主義とは中国人のユートピアにしても、それはあくまでもユートピアであって、現実の世の中ではありえない。数千年来の歴史現実としては、一治一乱、統一と分裂をくりかえしてきたのはすでに中国の「歴史の鉄則」として定着しつつあるのだ。だから、『三国志演義』の冒頭に「天下久しく合すれば必ず分く、久しく分ふれば必ず合する」と語られている。「分と合」「治と乱」が歴史の法則、歴史の現実にしても、一九世紀の列強の時代に入ってからは、中国人も「天下」から「国家」をめざして国造りせざるを得なかった。

それが二〇世紀以後の中華民国と中華人民共和国の国づくりである。

もちろん「天下」から「国家」へと国づくりをめざしても、中国人の国家としての理想は老荘思想にある「小国寡民」主義よりも「富国強兵をめざす（大国主義）」である。イギリスをはじめとするヨーロッパだけでなく、日本の開国維新後にもかつて「大国主義」か「小国主義」かの論争があった。だが中国人は伝統的中華思想から「大国主義」が国家理想であり、国是国策でもある。

中国は秦始皇帝の代から統一国家になってから二千余年、歴代王朝の盛衰があり、版図も膨張と縮小をくりかえしてきた。

それにしても中国人にとっては、「大きいことは好いことだ」という大国主義の理想から、清王朝の最盛期であった康熙・雍正、乾隆三代約一三〇年に征服した周辺諸民族の地をも含む最大版図の時代こそ真の「統一の時代」とまで主張し、それを「絶対不可分の神聖なる固有領土」だとされている。

満州人は初代のアイシンカクラ・ヌルハチが後金国を建国してから三代目の順治帝が長城を越えて、関内に入り、中国を征服した。その後、四代目の康熙帝から乾隆帝まで、六代約二〇〇年にわたって、東亜大陸を征服し、明王朝よりも三倍領土を拡張した。それが中国人の理想的な領土だ。

今現在でも中国人がもっとも尊敬している民族英雄の一人が漢の武帝である。漢の武帝とは中国史上、唯一長城を越え西域（現在の新疆）まで版図を拡大した君主だった。

だから前国家指導者胡錦濤は現代の漢の武帝と呼ばれ、列国征服の偉業を期待されていた。

だが、漢の武帝はたしかに国土を広げた偉業を達成したものの、相次ぐ征戦で、人口の半分までをうしなった。それだけではなく在位期間が長すぎて六〇年（一甲子）近くに及んだ。

老年になっても太子と都の長安で戦争、死者が数万人にも及んだ。だから、『漢書』には、武帝に祠を建てるべきではないと主張していたのだ。

中国人は「認賊作爸」（強盗を父にする）という奴隷根性が強いので、モンゴル人や満州人に征服されても、すぐ中国を征服した夷狄に家父長として認めるのが国民性である。だから中国を征服した、フビライ・ハーンの祖父チンギス・ハーンを元の太祖と、順治帝の祖父ヌルハチを清の太祖と追諡《ついし》したのである。

もし日中戦争に日本がアメリカに負けなかったら、まちがいなく明治天皇は中国から「和の太祖」と追諡される可能性もあったろう。もちろんそれも一つの仮説である。

中華思想にもとづく思考や言説は、自己中心的だからご都合主義が避けられない。嘘も方便である、それが中国だ。領土問題にかぎらず、中国の欲しいものはすべて中国のものだ。それが中国の論理である。

中国の暴走は誰も止められない

中国の周辺に中国を脅かす脅威が存在しないのに、なぜか中国は軍力を拡大の一途に猪突猛進している。中国がどこまで行くか読めない不安を抱えているのは周辺諸国だけではない。

ソ連崩壊後から中国北方の脅威はすっかり消えてしまった。北朝鮮は核保有に夢中にしても、中国あっての朝鮮である。「ならず者国家」といわれても、ボスの庇護があるからあばれるのだ、ということを否定する人はなかろう。

ベトナムが懲罰戦争をうけた後に西沙・南沙群島まで中国軍に占領され、かりに奪還や逆襲する気があっても目下のところその力はない。

チベット人やウイグル人の反抗があっても、人民解放軍まで動員する必要はない。武装警察だけで十分である。民衆の反抗が絶えないのはたしかであるが、それでも武装警察で不十分なら、随時鎮圧動員できる三〇万のいわゆる「ゲンコツ部隊」がある。

たしかに二一世紀における中国の仮想敵国は西のインドと東の日本である。実に厄介な存在にちがいない。それでも将来は別として、中国の脅威としては、今現在現実的ではない。

ならば、なぜ中国は軍拡に驀進《ばくしん》するのだろうか、二〇一〇年にやっと二一年連続の軍事予算二ケタパーセント増を中止した。その代わりに治安・公安予算は軍事予算を上回っている。

それが今の中国である。それをどう読解するかも必要である。

中国に現実的な脅威がないのに、なぜ、あれほどの軍拡をつづけてきたのか、という国際的な不安に対し、中国はただの軍の近代化だと弁明している。では、空母建造を含む海洋進出、宇宙キラー衛星の実験、さらに宇宙軍創設の目的とその狙いはいったい何であろうか。

たしかに現在中国の軍事力はアメリカには太刀打できない。もちろんロシアにも一目を置いている。アメリカの軍事予算だけでも約世界総軍事予算の約半分近くある。アメリカ以外の十大軍事大国の総予算はアメリカの半分にも達していない。もちろんハイテク兵器や通信情報システムはまた別の話だ。だから、全世界が束になってもアメリカには勝てないと見るべきだ。

ならば、中国の軍拡はアメリカの「独覇」（パックス・アメリカーナ）の抵抗勢力として、地域覇権の確立ではなく、海への「生存空間」の確保やシーレーンの防衛という同情すべき生存空間の防衛という理由がなりたつ。それは地球人口の五分の一の生存条件を守るためだという「大義名分」がたつのだ。

人民解放軍は中国にとって特別な存在だけでなく、世界にとっても特別な存在である。人民解放軍があっての中華人民共和国である誇りはいまでもつづいている。だから、中国では軍というのは国の上にある。軍があっての国である。

毛沢東の「語録」をかりれば「政権は銃口から生まれるもの」だ。今でも中国の億万長者の中で軍幹部は八〇パーセント以上占めているといわれる。

中国は一人の人間が党・政・軍を牛耳らないと社会も国家も安定できないという。その通りだ。かつて党が軍を指揮するか、軍が党を指揮するか、中国共産党史で論議したことがあった。じっさい党が軍を、軍が党をどう指揮するか、軍さえ握れば、最高実力者となることができることは、鄧小平の時代ですでに実証されている。

建国して六十余年の「人民専制」国家は、三権分立も多党制もしないと公言するだけでなく、民意を問うシステムでさえ確立できない。中国は、三代目の国家指導者であろうと、四代目や五代目であろうと、「大義名分」の解釈権はきわめて弱い。

だから、軍の暴走をおさえることはむずかしい。それは、中国にとっての難題だけでなく、世界にとっても大きな課題である。

ことに、海洋進出だけでなく、宇宙軍まで創設する人民解放軍の独走と暴走は、尖閣、沖縄の危機だけに止まらない。

反日教育で育った「憤青」の狂奔

伝統的には、中国人は日本人を「東夷」として蔑んできた時代は長かった。中国人は、朝鮮人も日本人も同じく「東夷」としてみなしてきた。夷とはムジナで、同じ穴のムジナだ。

もちろんずっと東夷として軽蔑していたのではなく、明の時代のようにとても倭寇に恐れた時代もあった。また、二〇世紀の民国以後の中国人とはちがって、清朝時代の中国人は、日清戦争後から西夷に学ぶよりも東夷の日本に学ぶ時代もあった。それは、北清事変後から約一〇年にもわたって、「黄金の一〇年」ともいわれ、日本から近代化を学び、もっとも良き時代だった。

袁世凱初代中華民国大総統に対する「二十一カ条要求」や一九一九年の五・四運動以後、日中関係はどんどんと悪化し、中国の反日、排日、抗日、仇日運動に対し日本も「暴支膺懲」と世論が激昂、日中戦争に至っている。

戦後、中国共産党は国共内戦に勝ち、人民共和国が成立した。社会主義社会建設に夢中になった中国人は「世界革命、人類解放」をめざして有史以来もっとも自信満々の時代であった。やがて日本人は中国人にひざまずいて恵みを乞うにちがいないと信じていた。だが、文革で「十年酷劫」（動乱の一〇年）という結果になった。そこから四つの現代化を掲げて「改革開放」をやらざるをえなかった。

そして胡耀邦《こようほう》の時代に入る。胡耀邦の時代は民国以来、かつてなかった親日の時代であった。胡耀邦が党内闘争に負け、失脚後から、「歴史」と「靖国」問題が中国反日運動のお題目として登場した。八九年の六・四天安門事件後に、ソ連、東欧が崩壊。社会主義イデオロギーに代わり、「愛国主義、民族主義、中華振興」を国是国策として、反日教育をテコにして生き延びてきたのである。

この反日時代で育てられたのが、いわゆる「憤青」である。「憤怒する青年」の語意語感は強いが、主に九〇年代からインターネットを根城に跋扈《ばっこ》する「愛国右翼」である。二代目の「紅衛兵」というのに近い。だが性格的に異なるところも多い。

「憤青」は文革世代の、極左の毛沢東主義青少年の紅衛兵とはちがって、極右の愛国者集団だから、伝統否定の「破四旧」とは逆に主張も激越にして、きわめて「中国的」だ。紅衛兵は壁新聞（大字報）を言論表現の場として行動は集団的で、人民のためという「公」の思想が強く、攻撃対象が国内の実権派であるのに対して、憤青はネットに依拠し、行動は個人的で、攻撃対象は外国である。

紅衛兵に比べ陰険である。それが江沢民時代の反日教育下で、ネットを舞台に生まれた新人類である。

墳青は日本にきたことも、知るすべもなく、情報鎖国下で育てられた反日の世代だから、日本をまったく知らない無知な反日、仇日新人類だ。「憤青」の主張はじつに激越にして、地球人とは思えないほど中国人らしく先祖返りだ。たとえば靖国への空爆、琉球軍事占領、東京大虐殺、大和民族の消滅、原爆使用、日本の嬰児から老人まで皆殺し、日本人の血を吸い肉を喰らうなど、中国人のＤＮＡに記憶されている凶暴性そのものの丸出しだ。

「憤青」はたいてい自己主張に追随、協賛しない中国人はすべて「漢奸」と糾弾、攻撃するため、文革の紅衛兵以上に陰湿にして残虐だ。そして無責任な愛国オタクなので、「糞青《くそせい》」とも呼ばれる愛国極右だ。

中国は科学技術の発展とともに情報鎖国がますます強化され、完全なコントロールの下で、外の世界に向けサイバー攻撃や超限戦を展開していく。そんな中で「反日言論」だけが唯一「言論の自由」をもつネット空間なのだ。

それでも「反日」の笛吹けど踊らなかった、反日追従をしない「漢奸」がいる。さまざまな調査資料を総合してみるかぎり、なおも二〇パーセント前後の「反日」の落ちこぼれがいる。「憤青」と同じ世代で、日本のサブカルチャーやポップカルチャーに心酔する日本のオタク族に類似するインターネット世代がいるのだ。

「中華振興」とはいったい何を目指すのか

世紀末の一九九〇年代に入ってから、社会主義信念が崩壊していく危機に襲われる。中国の革命政権の権貴（権力貴族）たちは、「亡党亡国」の危機にうなされ、「世界革命、人類解放、国家死滅」の革命三点セットの代わりに伝統回帰を目指す「愛国主義、民族主義、中華振興」の新三点セットを国是国策にした。

その最大の国家目標は「蘇東波」（ソ連・東欧崩壊の波）の道連れとなるのを回避することでもあった。愛国主義や民族主義といった理念は、中国に限らず多くの新興途上国が国づくりのために無我夢中で鼓吹するものだが、「中華振興」とはいったいどういうことか。これからいったいどこまで「中華振興」していくか、中国も、世界も見守りつつある。

では中華振興とは何か。それは一九世紀のアヘン戦争以後から中国がずっと「富国強兵」を国是としつづけていることと変わりはない。改革開放後も、しきりに「富強」「世界の最前列に立つ」ことばかり強調してきた。胡錦濤は陸よりも「海の強国」を目指すと具体的に公言している。じっさい軍事力の突出については、二十余年連続して軍事予算が年々二ケタパーセント増を続けていることも数字が示している。

中華振興の目標とは「領土拡大」である。清朝時代の三代皇帝（康熙、雍正、乾隆帝）が征服し拡大した史上最大の版図の再興を目指しているのである。だから、中国の真の統一は乾隆帝時代の版図・領土範囲だと再定義している。中国の領土拡張を再定義する中国語の同義語としての表語法が「統一」であり、「欲しい」「守りたい」という意味の新しい表語法がいわゆる「核心的利益」である。こういう中国語独特の表語法について、日本の中国語入門書はほとんど教えていない。たとえば『新華字典』などの辞書でも、「台湾」についての語義にはかならず「絶対不可分の固有の領土」と付け加えている。欲しい領土はパスポートにまで刷り込まれている。逆に、そこまでの執拗さがないと決して中国的ではないともいえる。

だが、ただ軍事力だけ、さらに経済力だけが突出していても中華振興はできないこと、ハードウェアだけでなくソフトウェアも必要であることは、中国も知っている。そして現在、中国が全面的に押し出しているソフトウェアが儒教である。

漢末から六朝時代には、儒教以上に普遍性をもつ仏教が中華世界だけでなく、東亜から西亜に至るまで広がっていた。中華文明・文化は唐の時代には拡散力がすでに消えてしまっている。宋の時代に入って、理気の学が流行り、それを集大成した朱子学は新儒学として再興したものの、朝鮮半島にまでは広がらなかった。二〇世紀に入ってから儒学受難の時代を経て、ついに中国人から見捨てられた。

改革開放後に新・新儒学を中国のソフトウェアとして、中国政府は「孔子学院」をテコに中国のソフトウェアを中華振興のシンボルとして広げようとこころみている。中国では孔子の子孫と自称する者が三百数十万人もいる一方、儒教とは何かについてはほとんどが無知である。孔子学院が世界各地につくられたが、中国語を教える語学学校にとどまり、ほかに南京大虐殺の反日映画を観賞するなど、情報活動のアジトとしてしか、魅力あるソフトウェアにはなれなかった。

本来、中国は中華的価値をアジア的価値として拡大解釈し、新儒教、あるいは新・新儒教を、西洋的な民主、自由、平等、人権に優る中国的な「公平」「正義」に取って代わらせようと試みた。その中国的ソフトウェアは西洋的価値に優ると自画自賛していても、じっさい中国社会には「公平」も「公義」も「道義」も存在していない。「孔子平和賞」さえ世界の笑い者になり、人気はさっぱりだ。

中華振興は乾隆帝時代の陸はすでに限界だから「海の強国」を目指すしかない。しかし、魅力あるソフトウェアがないかぎり、中華振興のテコとしては暴力・物理力しか残らない。

はっきりいえるのは、中華振興の限界は海への勢力拡張の限界でもある。

中華振興は「中華料理」だけか

中国は八九年の六・四天安門事件以後、その教訓から九〇年代に入って、社会主義イデオロギーに代わって、「愛国主義・民族主義・中華振興」を国是国策として掲げた。

では、なぜ九〇年代になって、今さら「愛国主義」と「民族主義」を国是にせざるをえないのだろうか。日本はすでに明治維新のころから、韓国でも戦後の四〇年代後半から国是として「愛国主義」や「民族主義」を鼓吹してきた。

中国もすでに二〇世紀に入ってから中華民族主義や愛国主義を鼓吹しつづけてきた。では、なぜ一〇〇年後にも国是としてそう鼓吹をつづけなければならないのか。それは、一〇〇年経っても成功しないことが何よりもの証拠だ。

一〇〇年経っても、中華民族も愛国心も育てられなかった理由は多々ある。文化も宗教も言語も利害関係さえ対立している。漢族と五五もある非漢族を一つの「大中華民族」に育てていくのには、決して容易ではない。それは中国にかぎらず、同じキリスト教文明圏のヨーロッパさえそうだった。

たとえば、中国政府はチベット人の反乱は「愛国教育」が成功しなかったと「反省」。それから、もっと「強化」しなければならないと考えるのに対し、ダライ・ラマ一四世は、むしろそれは「文化的虐殺」だと、ずばり指摘している。それが正論だ。中華思想は民族主義としてちぐはぐなものである。

もちろん「中華振興」も「ロシアの復活」と同じく、過去の盛世の郷愁からくるもので、「土地広大、人口衆多」の中国については、むしろ「生産的な考えだ」。問題はその「中華振興」の内容である。

かつての中華帝国の時代には「漢の武帝」や「唐の太宗」、「清の康熙・雍正・乾隆」三代の盛世もあった。領土拡大でなくても、漢初の「文景の治」（文帝と景帝時代の太平盛世）もあった。

「富国強兵」は中国がアヘン戦争以後から、ずっと憧れ、自強（洋務）運動、戊戌維新などなど手をかえ品をかえめざしてきた夢である。改革開放後の憲法草案に「富強」「世界の前列に立ち」などを書き込み、そして「中華振興」を国是にしてきたのだ。それが近代中国人の百年の夢，百年の計であるのはまちがいない。

では、「中華振興」と「四つの近代化」をめざす中国にとってははたして同一方向か、逆方向か、「中華振興」の中身を見なければならない。経済力や軍事力の膨張だけが「中華振興」の内容なのかどうか、「経済規模の拡大」と「貧富格差の拡大」はどこまで中華振興といえるかどうか、軍事力の膨張だけで、はたして中華振興といえるかどうか、かりにこの経済と軍事だけの巨大化が「富国強兵」といえるにしても、「国富」と「民富」とはどっちのほうが望ましいだろうか。

中国は昔から「国富民貧」という言葉がある。「国富」と「民富」はむしろ対立的なもので、国富は逆に民を貧しくさせるという結果が少なくない。この「国富民貧」の原理は今でも機能している。「国富」を「私富」にかえていくのは一部の人間しかできない。中国の社会の仕組は古代から今でもほとんど変わっていない。今でも赤い貴族の党幹部と政府高官しか「国富」を享受できない。だから「権貴資本主義」ともいわれるのだ。

もちろん中華振興は経済力や軍事力だけの「富国強兵」はせいぜい列強の時代にもどるだけで、魅力はない。中国も有史以来、くりかえして北方の夷狄に征服されてきた。五胡十六国の時代の五胡、北朝諸王朝や唐以後の契丹人、女真人、タングート人やモンゴル人、満州人に征服されてきたことは中国史が物語っている。

中国が一時的に北方夷狄の軍事力に征服されたことがあっても、じつに中国を征服した夷狄は逆に中国の文化力に逆征服され、史上から民族さえ消えていった。

中国がずっと誇ってきた文化力とは、つまり中華文化、もっとも代表的なのは儒教文化としての倫理道徳で、その文化力というのは、いわゆる中華化、略して華化（漢化）、徳化あるいは「王化」の力である。だが、華化の力は歴史上から見たかぎり、すでに唐の時代以後、その力がすっかり消えてしまっている。

ことに大航海時代以後、むしろ西洋化、日本では欧米化として語ることも多い。欧化に圧倒されてしまったのが近現代の一つの時代の流れである。

その「文化力」とは、今では通称「ソフトパワー」のことである。中国はアヘン戦争後からほとんどみずから伝統的文化をすててしまった。それは外圧からではなく、みずからの意志ですてしまったのである。たとえばもっとも代表的なソフトパワーとしての儒教文化でも、一九世紀の中葉ごろから太平天国運動だけでなく、北方の捻党の反乱で、山東省にある孔子一族の霊廟や陵墓まで暴かれた。儒教の廃棄運動は、もっとも有名なのは、一九一九年、朝鮮の三・一独立運動の刺激を受けた五・四運動にみられる「打倒孔家店」、そして文革時代の「破四旧」運動と「批林批孔」運動がそれである。

先にも述べた改革開放後に伝統文化の復活をめざして、外国にも多くの孔子学院がつくられ、新儒教も唱えられるようになっていても、孔子学院はただ中国語を教える語学院にとどまり、新儒教を唱える学者も儒家とは何かを知らず、教えられる人材もいない。口だけの「文化」の振興にとどまっている。最後に残る中華文化のシンボルは「中華料理」以外には何もない。「中華料理」も多食、常食すると「短命」になるというのが近代医学研究の「常識」にもなっている。中華振興の限界は中華文化の魅力の限界でもあるという一言につきる。

第二章

中国の沖縄に対する理不尽な主張

戦後、東アジアの歴史の流れを決めたもの

日本が支援していた中国で主流だった南京政府は日本の敗戦とともに消え、山奥の四川（蜀の国）にまで追い詰められていたアメリカ支援の蔣介石重慶政府と、辺境にあるソ連支援の毛沢東延安政府のみが残った。両政府とも風前の灯だった。

やがて国共内戦が再燃し、アメリカは連戦連敗の国民党軍に愛想をつかし、「中国白書」を発表して国民党軍を見捨てた。勝った共産党軍は人民共和国を樹立して世界革命を目指した。

戦勝した連合国軍はマッカーサー司令官の第一号命令で、国民党軍に台湾進駐、英国両軍にベトナム進駐を指令した。米軍は沖縄と日本列島に進駐する一方、蔣介石の九州進駐とソ連軍の北海道進駐の要求を拒否した。

国民党軍が台湾に進駐してから一年余りの一九四七年二月二八日に住民大虐殺を行い、代表的な知識人約三万人が虐殺された。国共内戦に負けた蔣介石軍は台北で亡命政府を再建し、三九年にわたる世界最長の戒厳令を敷き、白色テロの時代が続いた。これが台湾人と中国人の分かれ道となった。

米軍占領下の日本は七年後に主権を回復した。小笠原諸島や奄美諸島は先に日本に返還されたのに、なぜ沖縄の返還は七〇年代に入ってからだったのだろうか。なぜ米軍占領下の沖縄や日本本土で、台湾のような大虐殺が行われなかったのだろうか。

人民共和国の成立直後に勃発した朝鮮戦争に中国は義勇軍を派遣して参戦した。それが戦後のアジアにおける勢力地図を再編するきっかけにもなった。アメリカのトルーマン大統領は第七艦隊を派遣して台湾の共産化を阻止した。台湾の地政学的位置は「二〇隻の不沈空母に匹敵する」とトルーマン大統領が語った。やがて冷戦の時代に入っていく。

革命政権樹立後の中国は、チベット、ウイグル、南モンゴルの領有に成功したものの、ロシア革命、中国革命に次ぐ「日本人民民主主義共和国」の樹立を目指す第三革命は成功しなかった。ベトナム以外の東南アジア、南アジア、そしてアフリカなどＡＡ諸国の社会主義革命も失敗に終わった。

米軍占領下の沖縄が七〇年代になってからやっと日本に返還されたのは、アジア赤化の防波堤として、自由主義陣営にとっては絶対不可欠だったからである。

中国と日本に結集した左派勢力は「日本革命」には失敗したものの、マスメディアと教育を牛耳るのには成功した。中国の対日工作は一歩後退して、市民運動、平和運動としての反基地運動に転じざるを得なかった。本土でほとんど影響力を失ってしまった革命勢力にとって、日本最南端の島沖縄が溜り場となり、最後のあがきとして基地反対運動の尖兵となったのである。

中国の沖縄に対する領有主張

二〇一三年五月八日付の『人民日報』に「沖縄の帰属問題は未解決」と題する論文が掲載され

ると、これが中国政府の公式主張であると解釈され、『解放軍報』や『青年報』をはじめ全国、地方各紙も、習李新政府の政治動向のサインとして競って転載し、同論調に呼応した。日本のメディアも同論文に対しさまざまな論評と分析を行っている。中国が尖閣についてチベットや台湾、南シナ海の島礁のように「核心的利益」だと語るまでには非公式の「発言」もあった。オバマ・習近平会談で「核心的利益」と公言したとも伝えられている。こうした前例を考えるに、その次が沖縄か、さらには日本列島もという予想もある。

開国維新の初期、日本の「台湾出兵」について清政府が「義挙」とまで述べ認知していても、「琉球処分」については、清末の言論人や知識人のすべてが決して納得したわけではない。清が滅び民国に入ってからも、清朝発祥の地である満州に加え朝鮮（高麗）、琉球の宗主権はなお民国にあると思い込んでいる。

孫文は一九二四年の講演で、かつて清代に清に朝貢した歴史がある国々はすべて中華民国のものであり、列強に強奪された領土であると語っている。当時、一介の革命浪人に過ぎなかった孫文が満州売却を日本にもちかけた折、山県有朋は「満州は我々の手の中にある」と述べ、孫文の空売りを蹴った。建国の父孫文が当時最大の鉄鉱会社だった漢冶萍公司や鉄道、鉱山を外国に空売りしたことを南京臨時政府の時代に章炳麟らの政敵に暴かれ、もめにもめて南京臨時政府が空中分解した。孫文の空売り行為が民国争乱の元凶となったともいわれる。

戦後、国共内戦で国民党軍に敗色が見えてきても、蔣介石は人民共和国樹立の前に国民党内に

「琉球革命同志会」を設置して支援し、後に台湾の基隆市に琉球亡命政府をつくった。私が中学生だったころ、琉球政府の主席と称する蔡璋《さいしょう》なる人物がよく国慶節（双十節）を利用して「声明」を発表し、蔣政府に呼応していた。日中国交樹立後も、大使館に当たる東京の台北駐日経済文化代表処のほかに中国琉球（中琉）文化経済協会を置いて、日本と沖縄を二分する状態が長い間続いていた。

このように中華民国が「琉球独立」を支援してきた一方、中華人民共和国政府が米軍占領下の沖縄が日本に返還されるときも、沖縄を中国領だと公言したことはない。毛沢東は一貫して沖縄は日本領土だと認知していた。

中華人民共和国が成立した早々の一九五一年に、対日講和条約締結後アメリカの沖縄施政が明らかになると、当時の周恩来総理は「いかなる国際協定もそれらの島々が日本ではないと規定していない」などと対米批判を行い、日本人の「沖縄復帰闘争」を支援している。

もちろん情況が変われば国益も変わり、国策も変わる。九〇年代に入ってから反日国策の必要上、「琉球も日本に奪われた」と主張しはじめ、二〇一一年からは「琉球回収、沖縄解放」の横幕を掲げるデモ行進が現れるようになった。

中国国内で高まる「沖縄は中国に属する」との声

中国で沖縄（琉球）は中国の固有領土であるという主張が出はじめたのは、一九八九年の天安門事件以降である。九〇年代に入ってから、中国の世論では、日本の中国侵略は日清戦争でも満州事変でもなく、一八七四年の台湾出兵からはじまったという論が噴出しはじめた。

この日本の台湾出兵とは、琉球、宮古島の朝貢船が那覇に朝貢に行った帰路に台風で流されて台湾の牡丹社に漂着、彼らを漢人と誤解した先住民に殺害されたという「牡丹社事件」がきっかけとなった。これに対し、日本政府は清国政府に事件の賠償を求めたが、清国は台湾は清国の管轄外の地だとして拒否したので、日本軍が台湾へ出兵したものである。

これに先立つ二年前、日本は廃藩置県によって琉球王国を廃止、琉球藩として日本国に編入したが、それに対して清国は、琉球が古来より中華帝国に服属していたという理由で反発していた。台湾出兵は、日本の琉球に対する主権を明確に示すという意味があった。また、台湾出兵後には、清国側の軍艦から礼砲を受けている。「化外の地」（文化のおよばない地）として台湾統治に手を焼いていた清国は、日本軍の出兵に喜んだのだ。牡丹社周辺の先住民は非常に勇猛で、後に初代台湾総督に就任する樺山資紀《かばやますけのり》が若き青年情報将校時代に書いた台湾探査日記によると、牡丹社と接する漢族移民から「日本がかわりに討伐してくれれば、われわれは軍資金を出す」という依頼がきたということが書かれている。

結果として、清国は日本の台湾出兵を義挙と認めて五〇万両の賠償金を支払い、実質的に琉球の日本帰属を認めた。これにともない、日本は一八七九年に琉球藩を廃止して沖縄県を設置した。いわゆる「琉球処分」である。

一方で、日本はこのとき台湾の清国への帰属を認めている。これに対し清国側は、実利を得たと外交的成果を喜んだ。たとえば、一八七四年一一月一〇日付の上海の『申報』には、日本側の台湾出兵の軍事費は三〇〇〇～四〇〇〇万両であったに対し、清国が日本に支払ったのはわずか銀五〇万両のみ、日本をうまく利用して最小限の額で台湾の主権者たることを世界に知らしめただけではなく、台湾に対する列強の軽挙と妄動を防ぐことができた、と清の外交勝利を絶賛したのだ。ようするに、台湾と琉球を交換して、勝った勝ったと清国の世論が狂喜したのだ。

日清戦争後の下関条約に日本への台湾割譲が記されたのは、このとき台湾の主権を清国に認めたからであった。また日清戦争後、沖縄の日本帰属が正式に確認されている。

このような経緯があり、そもそも中国共産党もこれまで沖縄が日本領であることを公式に認めてきた。だが、現在、中国国内の学者やメディアはこの台湾出兵こそが日本の中国侵略のはじまりだったと主張しはじめており、尖閣諸島に関連して沖縄の帰属問題についても騒ぎはじめている。曰く、「琉球は台湾出兵、琉球処分によって奪われた」ということである。

現在、沖縄独立運動の後ろから支援しているのは中国共産党の中央統一戦線工作部（統戦部）である。ここは諸党派団体の工作専門機関であり、尖閣関係の反日デモなどをコントロールしている。そして沖縄独立運動をコントロールしているのもこの部署である。

中国人の主張によれば、「琉球は中国の固有領土だ。そして、琉球人は福建省の三六姓の後裔だ」という。福建人には王や鄭といったさまざまな名字があるが、琉球人の祖先は福建省から渡ってきた中国人だというような主張である。

だがこれはあくまでも中国の主張であり、実際には沖縄に中国姓はあまりない。基隆にいた蔡璋という人は確かに中国の名字だった。今現在、沖縄の左翼活動家や政治家にも漢字姓帰化人が多い。

いずれにしても、「琉球人は中国人の子孫で、日本人ではない」から、二〇〇五年に中国で起きた大規模な反日デモの際にも「日本人を見つけたらすぐ殴るが、沖縄の留学生に対してだけは放免する」といった檄文が示されていた。あのデモ当時も中国人は尖閣領有を主張するプラカードを掲げていたが、日本国内では小泉首相の靖国参拝が原因とされていたため、あまりそのことは話題にされなかった。

二〇〇六年には東京の中国大使館の一等書記官が沖縄を訪ね、「アメリカの世界戦略と中国」というテーマで講演した。その中で、「尖閣諸島は中国の領土である。それには明確な証拠がある」と述べ、さらに「沖縄が中国に帰属するかどうかは沖縄の民意できめることだ。中国からは言わない」と沖縄の日本への帰属を認めないかのような発言をしている。

また、中国の雑誌『世界知識』の二〇〇五年八月一日号では、「沖縄が日本の領土になったのは琉球王国に対する侵略の結果だ」「アメリカの日本への琉球返還は国際法的には根拠はない。それはアメリカと日本の二カ国間だけの授受であって、中国は承認しない」「一八七九年の琉球処分も清国は承認はしなかった」と主張している。

さらに中国紙『環球時報』の二〇一〇年の九月一九日付には、「琉球は明治政府が中国から強奪したものだ。今でも日本政府は琉球独立を弾圧している。琉球人は中国の福建と浙江、台湾の人間だ」という論文が掲載されている。

このように、中国では沖縄を日本領として認めない言論が目立ちはじめているのだ。「琉球は五〇〇年の間、中国に朝貢した。江戸時代には清朝の暦を使っていた。漢語も使っていた」「アメリカ政府が琉球を日本に返還したということは、琉球の住民の意識確認をしていない。琉球の住民が選択したなら絶対に中国を選ぶ」。こうした言説が中国では花盛りである。

滑稽なものは、「カイロ会談のときに、ルーズベルト大統領が蒋介石に対し二回にわたって、『戦後、中国に代わって琉球を管理したい』と申し出た。だからアメリカも琉球を中国のものだと認識していた」というものだ。当時、蒋介石はカイロ会談には実質的にオブザーバーとして参加しているだけで、権限がなく、ルーズベルトが蒋介石にそのような申し出をするはずがない。事実は逆で、ルーズベルトの日記によると、蒋介石が「戦後は九州をわれわれに統治させてほしい」と要求してきたので、それを拒否したという。もちろんソ連の北海道進駐要求もアメリカは拒否した。戦争になると山奥の重慶まで逃げて隠れていた蒋介石、ほとんど火事場泥棒的に参戦したスターリンである。アメリカからすればそんな虫のいい話はあるはずがない。

いずれにしても、アメリカが蒋介石の要求を断ったことは、琉球に対しても九州の人間に対しても幸運だった。台湾では、「アメリカは日本に原爆を二つ落としたが、台湾には蒋介石を落とした」という言葉がある。台湾では戦後進駐してきた蒋介石軍により、地方のあらゆる知識人と指導者が虐殺された。いわゆる二・二八事件だ。中国では反対勢力のみならず、味方でも、リーダーとなる可能性のある人間や知識人はやがて虐殺される運命にある。

そして、沖縄と日本全土がアメリカ軍に占領されたことも幸せだった。もし、蒋介石の軍隊が九州に入っていたら、台湾と同じ運命をたどっていただろう。多くの台湾人は蒋介石軍よりアメリカ軍に占領してもらいたかったと考えている。

いずれにしても、中国はこうして沖縄略奪への意思を少しずつ明らかにしつつある。二〇一〇年一〇月の反日デモでは、「収回琉球、解放沖縄」（琉球返還、沖縄解放）と書かれた巨大な横幕を数人が掲げて行進していた。

沖縄人も中国人という中国人の常識

中国人はごく一般的な常識として、中国周辺の諸民族はほとんどが「中国人の子孫」だと考えている。ゆえに同じ中国人だと思い込んでいる者が多い。一般人だけでなく、文化人、言論人まで同様の認識である。

たとえば、日本人は呉伯、徐福の子孫、ベトナム人は趙佗の子孫、朝鮮人は箕子《きし》の子孫、そして満州人も黄帝二四子の一人の子孫で、琉球（沖縄）人は福建三六姓の子孫の国などなど、インターネットだけでなく、言論人・文化人が根拠なしに断言している。

確かに昔、東亜三国は「同文同種、同俗同州」としてアイデンティティを同一にするとの主張もあった。「アジアは一つ」というセリフも大アジア主義者にとっては、魅力的だった。「天下一家、四海皆兄弟」という家族・兄弟意識を持ち、アイデンティティを共有することは、決して悪いことではない。

「日本人による中国人大虐殺」は「南京大虐殺」が最大のものとされている。さらに中国人に対する第二の虐殺として、ノーベル賞受賞者の大江健三郎の著書を引用し、「琉球大虐殺で二五万人が虐殺された」と琉球大虐殺を売り出したが、戦後最大のヒット作「南京大虐殺」ほどまでは宣伝できなかったようだ。

仲井眞弘多《なかいまひろかず》沖縄県知事の中国姓は蔡で、琉球臨時（亡命）政府主席の蔡璋を連想させる。福建人三六姓の子孫である仲井眞知事自身もルーツが中国だからか媚中のふるまいが多い。だが、知事が中国系だからといって、沖縄の住民はすべて福建人三六姓の子孫であり中国人だ、だから沖縄は中国の固有の領土だという証明にはならない。

中国共産党系の香港紙『文匯報』が二〇一二年九月二四日に掲載した「国際学的に史料は琉球の中国帰属を証明する」と題する一文によれば、歴史的に見て、「元末期から明初期にかけて、琉球は三つの王国に分かれ、国民の大部分は福建、浙江、台湾の沿海住民であり、中国人と同じ血統であるばかりか、言語、文学は漢字であり、制度も中国朝廷と完全に一致していた」「一〇〇〇年の文化蓄積をもつ中華文化は深く根を張り、七〇年もの皇民化改革を受けながらも、歴史と祖先を失わず、日本人が好戦的なのに比べ、平和を愛好する」など沖縄人は今でもなお中華文化の伝統を守り、中国人だと主張し、結論としては、「琉球族はかつて中華民族の第五七番目の一員だと考えられていた」とまで希望を込めて述べている。

人民日報が「沖縄の帰属は未解決の問題」と題する論文を掲載してから論議が噴出している。「琉球自治区」の提案もよいが、「取らぬ狸の皮算用」に終わってしまうに過ぎない。沖縄の帰属が未定というなら、ではチベット、ウイグル、南モンゴルなどの帰属はどうなるのかという国内問題にまで議論が延焼する可能性もあるので、ひそめている。何よりも中国にとっては、「無人島」ではないので、民意はどうかという問題に突き当たる。

中国政府がもっとも恐れているのはほかならぬその「民意」だ。ネット上では「民意」のキーワードを削除することができても、字典から削除することは果たして可能だろうか。

アメリカ政府は朝鮮戦争勃発後、「台湾帰属未定」を発表した。その直後のサンフランシスコ講和条約の締結に際し、日本は台湾と澎湖諸島など付属島嶼の放棄のみ明文化し、台湾主権の帰属未定論の論拠によって、日中平和条約を締結した時にも、「中国の台湾主権」についての「主張を尊重し理解する」のみとし、日本の国会質問でも中国の主張は認知するにとどまり承認しなかったと答弁した。

沖縄の「帰属問題」については、従来、中華民国と中華人民共和国はそれぞれまったく正反対の立場をとっていた。ここへ来て人民共和国が「沖縄帰属未定」という主張に転向したのに対し、逆に陳水扁総統時代の中華民国は、二〇〇六年に行政院が「中琉文化経済協会駐琉球弁事処」の名称を正式に変更して「台北駐日経済文化代表処駐琉球弁事処」（現在は那覇分処）とした。民国と共和国の沖縄帰属についての考えは逆転した。

琉球も朝鮮も日本も中国人の子孫がつくった国

琉球人は中国人だ、琉球人は中国の福建、浙江、台湾からきた住民で、ことに福建の三六姓の子孫たちであるという考えはごく普通の中国人の常識である。

もちろん、歴史と俗説とはどうちがうか、中国人にとっては関係がない。琉球語は日本語の古代語、考古学的にも「港川人」というのがあり、一万二〇〇〇年かもっと前の陸橋の時代には、台湾、琉球、九州は同一文化圏という研究報告もあった。

中国東南沿海の航海民や水上生活者、あるいは後期倭寇が沖縄に渡来したのはやっと琉球王国の時代になってからである。たしかに今の沖縄には、中国東南沿海の渡来人、帰化人は少なくない。政治の舞台で活躍した人もいる。たとえば先に挙げたように仲井眞知事は蔡家で、稲嶺恵一前知事は毛家である。選挙のさいには、ファミリーネームで選挙ポスターに掲げ、票あつめする場合もある。もちろんそれは沖縄に対しての主張ではない。

かつて江沢民主席（当時）も台湾の住民は中国人かその子孫だ。原住民はたったの二パーセント、だから台湾は中国の絶対不可分の固有領土だと主張した。もし中国政府からの「統一」を拒みつづけたら、武力を」と文攻武嚇をつづけてきたのである。

じっさい台湾と中国との関係は決して中国政府が主張しているような中国人の島ではない。中国東南沿海からの移住民はオランダ統治時代の季節労働者とボートピープルで、日清戦争前に初代巡撫劉銘伝が行った清朝廷への報告はもっとも開発されている西部平野でさえ、民（開化原住民）が四、蕃（未開の原住民）が六、という住民の割合だった。近年のDNA研究では、九〇パーセント以上が百越系である。

では、なぜ中国人があれほど人類の祖先になりたがるのかというと、それは、中国人とは、祖先崇拝の民で、祖訓が子孫を規制し、中国人の子孫たちに対して「祖先の意志」の解説権を握りたがるからだ。もし中国人の主張に馬耳東風であったら、すぐ「背祖（祖先の意思に背く）だ」と叱る。中国人にとっては「背祖」とは「極悪非道」以上の罪悪なのである。

なぜ沖縄人は中国が大嫌いなのか

中国人がいかに「アメリカの日本への沖縄返還は民意を問うていない」「沖縄の人民は日本と中国のどっちを選ぶか、絶対中国だ」と自信たっぷりに公言し、「琉球人の独立を支持」し、「沖縄は中国の文化から五〇〇〜一〇〇〇年の洗礼を受けた」と言い、「帰属未定」さらに「琉球人は中国人の子孫」さらに「琉球回収、沖縄解放」と声高に叫んでも、すべては単なる一方的な思い込みにすぎない。沖縄の現状も沖縄人の心情も何も知らないし、わかっていない。

『人民日報』が「琉球帰属未定」の論文を発表してから、中国人は欣喜雀躍、言論人や学者の間でも議論が沸騰し、琉球の独立、あるいは中国の温かい懐に入るよう、しきりに秋波を送っているが、沖縄人の反応はまったく逆だったので、中国人の興奮はすぐ冷めていくにちがいない。中国人とはすぐ興奮しやすく、飽きるのもはやい人種だからである。

二〇一三年五月一五日に「琉球民族独立総合研究学会」が旗揚げした翌日、人民日報系の『環球時報』はすぐ中国民間団体に向けて琉球人民の独立運動を支援するよう呼びかけた。ネット右翼の「憤青」も興奮して、「琉球独立」と「祖国（中国）への復帰」を呼びかけ、我を忘れた。

それがただの片思いであることは、沖縄人の心情を少しでも知っていればすぐわかることだ。確かに沖縄人には反ヤマトンチューの感情がある。しかしだからといって自分たちは中国人だと沖縄人が思うことはない。

確かに琉球は「廃藩置県」以前に清や明などと五〇〇年だか一〇〇〇年だか、長きにわたる深い通交関係が文化面ではあった。しかしそれはあくまでも昔の話である。中国文化はいつまでもそれほど魅力あるものではないことは、近代日本の「文明開化、殖産興業」の波を見てもわかることだ。

五胡十六国や南北朝の時代には、北魏のようになおも「華化」に魅力を感じた王朝もあった。だが、唐以後の契丹人の遼や女真人の金の時代になると、競って独自の文字を創出し、独自の文化を誇りにしていた。モンゴル人の「大元」の時代に至っては、すでにキリスト教やイスラム教文化などに接し、中国の文化などは一顧だにしなかった。

ソフトウェアとはそういうものである。大昔の話を持ち出して、沖縄と中国の関係を語ること自体、無意味であると悟らない人間こそおかしいとは思わないだろうか。

『人民日報』が「沖縄帰属未定」の論文を出した後、「効果あり」と錯覚し、二匹目の泥鰌を狙って「再説琉球（再び琉球を語る）」と題する論文を出した前日の五月八日、沖縄県地域安全政策課が発表した民意調査では、中国に「良いイメージをもたない」との回答は八九パーセントにも上っている。中華思想を持つ中国人は、「ありえない」「嘘だ」と首を傾げるに違いない。

同調査での沖縄人が中国人を大嫌いな理由と内訳は次のとおり。

資源保護にあまりにも自己中心主義　六〇・一パーセント

国際常識に則って行動しない　五八・四パーセント

尖閣問題をめぐって日中間でもめ続けている　五六パーセント

中国人の愛国思想と行動は理解できない　五〇・五パーセント

仲井眞沖縄県知事が『人民日報』の「沖縄主権帰属未定論」について非常に反撥した談話を発表したが、従来沖縄の反日言論を牛耳ってきたのは『沖縄タイムス』と『琉球新報』である。これまでずっと反日言論を言いたい放題で、ヤマトンチューを叩いてきた『琉球新報』は五月一一日、『人民日報』の論文について、「歴史歪曲」「非常識」と非難する論調を掲げ、さらに日本政府が米軍基地に対し「不公平な待遇」を行う理由について、「中国からの重なる挑発行為がその主因の一つ」とも指摘している。

沖縄住民の、ことに左翼活動家の反日感情はすぐ親中感情につながるだろうと早合点し、きっと中国人になりたいに違いないと思う幻想は、あくまでも中華思想から生まれた幻想ではないだろうか。

琉球独立運動の背後にあるもの

琉球独立運動の源流の一つは大戦最中の一九四一年に設立された「琉球青年同志会」からである。

大正デモクラシーの後、社会、民衆、民族運動が盛んになる。この時期の運動は大きく分けて、社会主義系と民族主義系に二分される。たとえば台湾では社会主義系の黒色青年連盟や一九二八年に日本共産党台湾民族支部が設立された。これらの団体は社会主義を標榜しているものの、政治綱領には台湾共和国の樹立を謳っている。民族主義系としては、台湾文化協会や台韓同志会がある（詳細は『台湾総督府警察沿革誌』）。

「琉球青年同志会」は戦後の一九四七年に「琉球革命同志会」と改名、その代表人物が先にも述べた蔡璋（喜友名嗣正）である。同会編著の『琉球與中国之関係』によれば、「革命による琉球の革命解放を鼓吹し、中国への帰属、しかも琉球の民族思想を啓発する」という主旨で、蔣介石の庇護下で基隆に亡命政府を設立した。だが、蔣介石に利用された以外にはほとんど誰からも支持されなかったので、後に自然消滅した。

「琉球民族の独立」について、二〇一三年五月一五日に設立された琉球民族独立総合研究学会は「一八七九年、明治政府による琉球併合以降、現在に至るまで、琉球は日本として米国の植民地となり、日米両政府による差別、搾取、支配の対象となってきた」と主張している。運動家である学者の作文は意図的で、どうしても違和感を感じざるを得ない。

確かに戦後の日本植民地批判派の学者は北海道と沖縄まで国内植民地と概念規定し、学としての縄張りを広げてきた。「差別、搾取、支配」の殺し文句を書き綴っているものの、史実と乖離《かいり》していることは一目瞭然である。

台湾の基隆港で設立された蔣介石総統飼いならしの「琉球亡命政府」とは別に、沖縄本土生まれの「琉球独立党」が一九七〇年、野底武彦、崎間敏勝が中心になって結成され、翌年崎間が参議院選に出馬したが落選。ほとんど姿を消したものの、二〇〇五年に元党員だった屋良朝助が党首となり、「かりゆしクラブ」に改名し、現在も活動を続けている。

中国から沖縄住民を見る目は独善的な幻想でしかない。たとえば商務部研究院の唐淳風研究員は尖閣沖での中国漁船体当たり事件直後の二〇一〇年一〇月、「琉球独立は歴史的必然」と題する論文を発表した。そこには次の一文がある。

「琉球に住む三分の一の住民は日本からの占領者で、政治経済を牛耳っている。しかし二〇〇六年三月四日の全民投票では七五パーセントもの圧倒的多数が（琉球独立を）求めている。これは本来の琉球住民の一〇〇パーセントを意味する」

しかし実際には、二〇〇六年どころか一九七二年の沖縄返還以降、日本政府が沖縄住民の独立を問う住民投票はおろか民意調査さえ実施した事実はない。沖縄住民の一〇〇パーセントが独立したがっているなどという話は、世界中で中国人しか口にしていない。このように中国人は公然の嘘を平気でつくのである。

この嘘つき論文はさらに「全世界の中国人と正義ある人々さえ声援を送れば、国連や国際法廷、そして全世界が日本によって血塗られた虐殺と植民地統治を清算し、独立闘争を支持し、琉球人民は必ず勝利する」とまで呼びかけている。

「日本によって血塗られた虐殺と植民地統治」と云々するが、それは日本よりも中国がチベットやウイグル、南モンゴルに対して行ったことそのものである。

中国の幻想はさらに増して恍惚状態に入ったといえる。二〇一〇年九月七日の「尖閣事件」後、「回収琉球、解放沖縄」の反日デモに便乗し、二〇一一年に民間団体と称する「中華民族琉球特別自治区援助準備委員会」という幽霊会社まで設立して、日本に対するゆすりたかりを強めている。

中国人の現実離れした言行ははるかに政治世界を超え、精神世界でしか理解できない域に達していると思われる。

中国はすでに「沖縄奪還」を準備している

「尖閣・沖縄は日本帝国主義に奪われた最後の未返還の中国の固有の領土だ」とする主張や、反日デモでも「収回琉球、解放沖縄」の横断幕を掲げて行進することは二〇一〇年になってからである。

中華人民共和国は一九八九年の六・四天安門事件後、九〇年に入って、「愛国主義、民族主義、中華振興」を国是国策として「マルクス・レーニン主義・毛沢東思想」の「社会主義イデオロギー」に代わり、愛国教育を強化した。従来の社会主義教育の三点セットは「世界革命、人類解放，国家死滅」などのコスモポリタン的なものだった。

従来、中国の反日・仇日教育については日本の中国侵略は「九・一八」（満州事変）の「国辱記念日」からだったが、もちろん「義和団事件」（北清事変）や「日清戦争」からという主張は一部の学者にかぎっていた。

だが、一九九〇年代に入ってから、日本の中国侵略は台湾事件（牡丹社事件）、「琉球処分」から始まるという主張はしきりに流布されるようになっている。

文革後の八〇年代前半の胡耀邦の時代は、人民共和国史上、日中のもっとも「友好の時代」だった。胡は失脚後に急死、以後は「歴史」と「靖国」問題で、日本は数十回も「反省と謝罪」を迫られ、終戦五〇周年国会の「不戦決議」まで追いつめられた。以後、村山史観は歴代総理の金科玉条になり、踏襲せざるをえなかった。

あの『歴史』という「正しい歴史認識」にふりまわされた九〇年代以前に、日本の侵略は「琉球処分」からという主張になかった。「琉球は日本に奪われた最後の未返還な固有領土だ」と言う主張もなかった。

もちろんもう一つの中国である中華民国政府は、戦後から沖縄は日本の領土として認めていなかった。終戦後の国民党軍による九州進駐もアメリカに断わられ、もちろんソ連軍の北海道進駐も断わられた。蒋介石が許されたのは、台湾進駐と仏印のイギリス軍との分割進駐、そしてソ連軍も米軍と朝鮮半島の分割進駐だけだった。国共内戦後、国民党軍は中国大陸から追われた。台湾で再建した蒋介石の中華民国政府はなおも、「琉球」についての宗主権を堅持したが、アメリカの沖縄施政権の日本返還に対しては黙認せざるをえなかった。琉球亡命政府（蔡璋主席）を台湾北部の港町基隆で庇護しながら、日中国交樹立後に日本と中華民国国民間交流の窓口としての大使館にあたる「代表処」は東京の台北駐日経済文化代表処と沖縄の那覇に中琉文化経済協会と二カ所におくことがせめてもの抵抗であった。

かつての琉球王国の時代に琉球は中華帝国時代の明・清と薩摩藩とは両属関係だったことは事実だが、日本帝国主義に奪われた固有領土だと言う主張は「琉球処分」の歴史的事実に反する嘘だ。

いわゆる台湾事件（牡丹社事件）は先に述べたとおりである。

沖縄米軍基地拡大強化大賛成の理由

ある人気テレビ番組で、憲法改正反対を唱える登壇者の発言にショックを受けた。彼は次のように発言したのだ。

「平和憲法を改正して戦争したいなら、自分で勝手に戦場へ出ればいい。もし日本が攻められたら、我々は奴隷になればよい。我々は絶対戦争反対だ」

憲法改正即戦争だ、奴隷になってもよい、絶対戦争反対だという言論人の発言は実に恐ろしい。戦後日本人の変わり様にはショックの一言に尽きる。私は日本語族の最後の一人として空襲、疎開を経験し、戦後の焼け跡を見たという同世代と共通の記憶がある。あの時代の日本人が今も台湾で尊敬されているのは、勇気があって責任感が強いからだ。そういう人間は美しく見える。

私は戦前の高雄州岡山郡に生まれた。先祖は進士の出身で、明治天皇から台湾最初の文化功労賞を授かり、初代の街長として、広大な土地ももっていた。

私が住んでいた岡山郡には岡山飛行場があった。当時、帝国海軍の最南にして最大の海軍航空隊の基地であり、最後のレイテ海戦とも縁が深い。

最初の米軍機の空襲でクラスメートの家や三階建ての病院が空爆されたのを、目撃もしている。戦後、疎開地から町に戻ってきたら、家は消え、町はこっぱみじんとなり、小学校の教室が半壊していた。テニスコート一面に戦車が並び、遊び場となったことが記憶に残る。空軍基地のど真ん中での生活は戦後一〇年にもわたって続いていた。

そんな環境で暮らしてきた経験をもつ者としては、沖縄県宜野湾市の普天間基地が「世界一危険な」と言われることは理解できない。そもそも普天間基地は昭和一七（一九四二）年に帝国海軍が飛行場をつくるために買収した国有地だった。米軍占領後のどさくさの中で自称「地主」が現れた。米軍への用地賃貸料、関連交付金などによって、基地周辺が潤った。基地の騒音がうるさいから、世界一危険だから、周辺住民が逃げ去ったのではなく、住民が逆に基地周辺に殺到したのが事実である。

昭和二五年の宜野湾村は当時人口がわずか一万五九三人だったが、年々人口が増え、平成二五（二〇一三）年五月末には九万四四〇五人に達し、やがて一〇万人都市となる勢いである。

「世界一危険な」に加え、オスプレイ配備が危ないとする理由としては「もし墜落でもしたら」という「もし」の確率にある。

オスプレイは「未亡人製造機といわれる」とされ、いかに墜落事故が多い欠陥機か、危ないかと反対運動諸派が宣伝してきたが、真実はそうだろうか。

「オスプレイは欠陥機」というのは嘘だと、いくら日本政府関係者が「安全宣言」をしても基地反対勢力は聞く耳を持たない。

戦後日本史をグローバルに見れば、戦後の社会主義世界革命の巨浪の中で、中国革命に次ぐ「第三革命」といわれる「日本人民民主主義共和国」の樹立は挫折したが、左翼の社会主義陣営と反日日本人は、マスメディアと教育を牛耳るのには成功した。市民運動や平和運動を隠れ蓑に日本の伝統的文化、価値観、精神を破壊し、そして国民意識に代わる市民意識の育成に没頭したが、安保闘争で日本の安全保障を骨抜きにする作戦も成功しなかった。

私が日本に来たのは東京オリンピックの前で、春闘と秋闘で、労資の抗争が続いていた。学園の中では紛争にあけくれ、ゲバ棒よりも長い竹竿を持ちヘルメットをかぶった「革命闘士」たちが軍事訓練を行う鬨《とき》の声は教室まで響いていた。体育学部の学生と左翼学生の決闘は激しく、生協は闘士たちに占拠され、米も味噌も冷蔵庫の魚や肉まで革命闘士の兵糧となり、学生食堂は閉鎖された。教授たちの研究室まで占拠され、蔵書が没収された。私は蔵書を緊急避難させたり、古本屋から貴重な古典を買い戻しに走ったりしたことまであった。

学園紛争は私の院生時代まで続き、赤軍派のハイジャック事件や浅間山荘事件をきっかけに下火になり、文革が終結し、ソ連、東欧が崩壊した九〇年代に入ってからは、ほとんどが学園から消えたように見える。しかし私が一九九六年に母校早稲田大学で講演を行った際、革マル派に襲撃された記憶はなおも強く残っている。

本土ですでに活動の場を失ってしまった反日の闘士たちは競って沖縄に流れ込み、そこで生き残ろうと最後のあがきをしている。「反基地闘争」が彼らにとって最後の「大義名分」のようにも見えるが、時は流れ世は変わる。

中国が唐突にも「尖閣」と「沖縄」を「固有の領土」であると言い出し、海からも空からも日本に対する嫌がらせが日常化されている今日、「憲法九条死守」「反戦」「平和」を吶喊しても時代錯誤であり、呼びかける相手も違う。

北京や平壌の支援を受け、今現在もなお北朝鮮を「地上の楽園」と口にする彼らに同調する者はすでにいなくなっている。

戦後六十余年経って、市民主義と平和主義が戦後の日本にとって二大の敵だという「常識」を、ますます多くの人が悟っている。「人民」や「市民」だけでなく、「地球人」や「宇宙人」も魅力がなくなった。日本を「取り戻す」には「国民」意識の広がりが一つのバロメーターでもある。

沖縄人は中国からの「琉球回収、沖縄解放」の叫び声をいったいどう受け止めるか。沖縄人はもっと耳を澄まして、さらに眼を開いて見なければならない。

沖縄は中国の固有の領土で沖縄人も中国人？

中国共産党機関紙『人民日報』系の『環球時報』二〇一三年五月八日付に「沖縄の帰属は未定」と主張する論文が掲載されたことについて、それが「中華振興」の夢として「海洋強国」を目指す習近平新体制の意を汲んだものと考える人は多い。

「琉球帰属未定論」を主張する目的とはいったい何か。三日後の政府系の『環球時報』同一一日付は、「日本が最終的に中国と敵対する選択をとるならば、中国は当面の政府の立場の変更を検討し、琉球の問題を歴史的な未解決の懸案として再提出しなければならない」と恫喝している。

しかも「社説」で沖縄の独立勢力を「育成すべきだ」と公言している。要するに、言うとおりにしないと日本の「国土分裂」を推進するぞと恫喝したのだ。

日本政府が中国の言うとおりにしなかったのは、最近の「尖閣」問題だけである。台湾やチベット、ウイグル、南モンゴルに対する中国政府の非人道的な取り扱いについては、日本政府はむしろ中国からの現場指導を受けながら中国の言いなりとなり、これらの民族の中国に反抗する勢力を鎮圧し続けてきた。だから中国が「沖縄の独立勢力の育成」を口にした今、日本も「目には目を、歯には歯を」という論理で、これらの民族の独立勢力を支援することを考えるべきだ。

実際には中国は決して「沖縄の独立勢力」を育成しなかったのではない。いくら育成しても、自分を「琉球人」だと思う「民族意識」はいかなる民意調査でも〇・一パーセント未満だった。ましてや沖縄県民が中国が主張するように「中国人」だと公言することは絶無に近い。「琉球独立」「琉球王国の復活」云々はただ中国人の片思いに過ぎず、蔣介石が「育成」した「琉球亡命政府」も有名無実となって自己消滅したことは歴史が物語っている。

菅義偉《すがよしひで》官房長官が中国の党・政府系のメディアが公然と「琉球帰属未定論」を掲載した件に対して、「全く不見識な見解」と中国に抗議したが、それが「常識だ」と思う者は中国人を除いて他にいるのだろうか。

シンガポールで開催されたアジア安全保障会議に出席した中国人民解放軍の戚建国副総参謀長が六月二日、沖縄に対する日本の主権について「中国の立場に変わりはない。学者が自分の所見を述べたことで、中国政府の見解を示すものではない」（ロイター報道）と釈明しているが、もし日本がおとなしく中国の言うとおりにしなかったら、中国には中国の考えもあるということだろう。

中国の学者が「琉球帰属未定」「日本には主権がない」「もともと琉球は独立国だった」「琉球王国は日本に滅ぼされた」とする論調を吐くのは、「釣魚島問題で日本側が絶えず挑発行動を取り、中国の領土主権を侵犯したからだ」と華春瑩外務省報道官が明言している。だから「沖縄の主権」問題を持ち出したのだと、「もし尖閣の問題で譲歩しなければこっちにも考えがあり、沖縄がまさしく切り札だ」と言わんばかりだ。

沖縄は中国の固有の領土、沖縄人は中国人という主張は最近になってから言われはじめたものではない。学者やら軍人がそう語ることはこれまでにもしばしばあった。

たとえば中国人民解放軍国防大学教授の空軍大佐、戴旭は二〇〇九年一一月の上海空軍政治学院（現・南京政治学院上海分院）での講演で、「琉球」さらにはベトナムまで中国の一部と主張した。元国防大臣の遅浩田将軍に至っては二〇〇五年、「アメリカは中国人が発見したもの。アメリカを回収し第二の中国をつくるには、BC兵器を使うべきだ」とまで説いている。中国人からすれば、そもそも天下はすべて中国のもの、世の中がどう変わろうと国際法も国際秩序も力によって決めるものだと考えている。要するに「歴史」ばかり語りたがるが、台湾の黄昆輝・台湾団結連盟主席は、領土問題については、「講古」（昔話を語ること、講談）だけで片づけられるものではないと皮肉っている。

五月八日に『人民日報』が「琉球帰属未定論」を出した後、中国のメディア、ことにインターネット上では、沖縄県民がいかにひどい差別を受けているか、沖縄人の間で反日運動が燃え上がり、独立や祖国中国への統一達成に不惜身命で決起するかのように伝えているが、それはあくまでも片思いの作文に過ぎなかった。

中国とは違って日本は言論の自由がある国だ。『琉球新報』や『沖縄タイムス』がいくら県民に反日意識を鼓吹しても、独立運動が全県民運動にまで燃え上がることはない。社民党の照屋寛徳衆院議員が「沖縄はいっそ日本国から独立したほうがよい」と自分のブログに書いているが、せいぜい落日の社民党の党意を代表しているに過ぎない。

沖縄が明の時代から、さらには清に朝貢したことは史実である。中国にとっては、それだけですぐ「中国の絶対不可分の一部だ」と主張する根拠となる。日本が琉球を強奪した歴史は世界で周知のことだとも主張する。だから、すぐ琉球奪還を呼びかけ、沖縄を「琉球自治区」、さらには日本を「東海省」「倭族自治区」にしようとまで主張するのは、中国人特有の空想、妄想である。

こうした「決まり文句」の多用は中国語という言語に特有の性質である。領土が絡むと、中国人の頭の中は「世界のすべては中国のもの」という発想しかない。だから、「琉球回収」などと主張する中国人の吶喊をノイズと思えば、身心の健康によい。

琉球史の真実

超古代史から見れば、ユーラシア大陸東方海上の列島の台湾、沖縄、九州は同一文化圏だったが、台湾と蝦夷《えぞ》が世界史に登場したのはほぼ大航海時代以後、メイフラワー号が新大陸に渡ったのとほぼ同時代であった。琉球が史上にはっきりと現れたのは、元寇以後に倭寇が逆襲した一二世紀ごろであった。

台湾がマレー・ポリネシア系語族のホームグラウンドだったとすれば、蝦夷は北アジアや北東アジア系のアイヌの地だった。

中国史上、陸禁と海禁が比較的緩んだのは、南宋とモンゴル人の大元の時代だった。モンゴル人がモンゴル高原に後退して北元になった後、漢人の明は再び陸禁と海禁を強化した。以降、明・清約五〇〇年にもわたって陸と海がほぼ絶縁に近い状態だった時代に、沖縄人が大陸との朝貢貿易を行った時代背景があった。

中国の「琉球」についての理解は、沖縄をはじめ「大琉球」、台湾を「小琉球」と称していた。この大と小のイメージや記述が逆転したのは、台湾が清の康熙帝に征服され、鄭氏王朝が滅ぼされて以後のことであった。

中国大陸から台湾へ渡った移民は、倭寇の時代に絶無ではなかったが、主にオランダ人の台湾開発後に季節労働者やボートピープルとしてやって来たものが多く、台湾原住民との対立が絶えなかった。

中国は「琉球人は中国人福建三六姓の子孫」だと今でも「政治的主張」を行っているが、「福建三六姓」が沖縄に渡ったのは明の時代からで、明人が満州人に滅ぼされた後である。琉球王国の正史『中山世鑑』によれば、最初の王は源為朝が保元の乱の後、琉球へ流れ着き、その後裔舜天が第一尚氏王朝をつくり、察度王の代になって明の洪武帝に入貢、一六〇九年薩摩軍に侵攻され、日本と大陸の明、清との両属関係になった。かつての満州人も明と朝鮮の両属関係にあったが、満州人が後金国を建国した後、「七大恨」を掲げて明を滅ぼし、中国を征服したので、「華夷変態」と言われた。

台湾牡丹社のパイワン族が漂着した宮古島遭難者五四名を殺害した事件への報復として日本は一八七四年に「台湾出兵」を行い、清が日本に賠償、これにより琉球が日本領であることが国際的に認知された。さらに一八七九年には廃藩置県により沖縄県を設置した「琉球処分」が行われ、日本の地として明確になった。王朝時代の琉球史家の羽地《はねじ》朝秀《ちょうしゅう》や明治初期の宜湾《ぎわん》親方《おやかた》朝保《ちょうほ》らの「日琉同祖論」は琉球史の真実を最もよく物語っている。

「福建三六姓」云々はただの亡命渡来人で、那覇市内のチャイナタウンに近い久米村は長崎のチャイナタウンか出島のようなものだ。

中国によってつくられた「琉球史」は史実とはまったく異なる。中山王国は、倭寇の時代から明に朝貢貿易をしはじめたものの、東北満州の荒野から興起した満州人の清によって、明は滅ぼされた。

清は開祖のアイシンカクラ・ヌルハチの代から約二〇〇年かけて、明に比べ、版図を約三倍も拡大したものの、北はロシアに阻止され、西はイスラム世界に抵抗され、南進しても英仏の勢力に阻止された。明から清に代わり一九世紀に入ってから、内乱の昂進と西方勢力の東来によってグローバリズム化した経済環境の変化により、琉球の朝貢貿易は後退し、清との関係も後退していく。

琉球は、江戸時代以来ずっと両属関係にあった薩摩藩との経済依存関係をさらに強化した。戦後を経て今でも、本土からの補助や経済的な支援なしには自力で生存することはほとんど不可能に近い状態が続いている。それは地政学や生態学的視点から見ても、沖縄の宿命ともいえる。

イングランドがウェールズ、スコットランド、アイルランド諸族・諸国を糾合してイギリスとなり近代国民国家の元祖となったように、ユーラシア大陸の東方海上では日本が沖縄、台湾、朝鮮を糾合して大日本帝国を築き、列強に参入したことも、近代としての時代の流れであった。

琉球は中山王国時代、王府の士族支配体制下で、読み書きはほとんど士族のみの特権、農民は八公二民で農奴とかわりはない。今の沖縄は本土から敗走してきた左翼革命各派の溜り場になっているが、廃藩置県後にも支那党、白党（日本党）、黒党（独立党）三派が抗争し、暗躍していた。これも、いかなる歴史社会にも存立する社会の力学構造である。

東アジア史から見ると、沖縄人が日本の「文明開化、殖産興業」、廃藩置県の波にうまく乗れたことは幸運なことだった。この近代化の波が沖縄人の運命を変えた。二〇世紀に入っても、大陸のほうでは清帝国から民国、人民共和国と国体政体がころころ変わり、人民共和国の時代に入っても騒乱が吹き荒れるカオス状態が続く。沖縄の廃藩置県の際、清からは宮古、八重山などの「琉球三分割」の提案があった。日本がそれを断り、沖縄県民にとっては「厭離穢土《おんりえど》」となっただけでも、幸せである。廃藩置県によって四民平等の近代化策の下で、士族の特権がなくなり、宮古、八重山地方の人頭税が廃止され、教育が普及したことも歴史の快挙といえよう。

伊波普猷《いはふゆう》は著書『古琉球』で、廃藩置県を「奴隷制からの解放であった」と述べている。

尖閣・沖縄奪還作戦を準備する人民解放軍

そもそも中国メディアの主張によれば、尖閣諸島は「古より中国の絶対不可分な神聖なる固有領土」だ。日本の尖閣諸島への「侵略」は、「中国に対する公然たる挑発」それそのものが「日本軍国主義の復活の証拠だ」ともいっている。

だから日中再戦のきっかけは尖閣にこそあり、「中国人は最後の血の一滴を流しつくすまで、中国の絶対不可分の一部を死守する」などとも警告している。

中国の主張によれば、尖閣は日本に「窃取」（強奪）され、「覇占・瓜分」（強奪・分裂）された中国最後の国土である。日本軍国主義は尖閣を海上勢力発展の拠点として、台湾再侵略の橋堡となろうとしているので、国益から中国は日本の尖閣領有が絶対に許せないということになる。

実効支配をめぐって、人民解放軍は一貫して、先手を打って、「釣魚島占領」を計画、時機をうかがっている。

国防部長（国防相）梁光烈は作戦幹部に沖縄急襲作戦準備の開始を指示する一方、もし日本政府が「尖閣諸島守備隊派遣」を黙認してしまえば、中国海軍も総力を上げて「奪還作戦」を展開すると警告している。

対日戦争への決意を示してから、華字新聞、雑誌、メディアの「中日戦力」比較分析の論議は目下花盛りだ。しかも日中もし戦わば、中国の失地「琉球光復」の好機だと人民解放軍はすでに公然と主張している。解放軍の分析によれば、「日本は沖縄を死守するためには人民解放軍と一戦する決意がある」。そして沖縄の日本軍を全滅させれば、東海（東シナ海）の長期安定を保つことができると人民解放軍の首脳部が楽観的に分析している。厄介なのは米軍の海兵隊だが、アメリカは核戦争を恐れているので、アメリカへの本土攻撃はしないと示せば、アメリカは中日戦争までは介入しないとアメリカの出方も読んでいる。

「中央軍事委員会の命令が出されたら、釣魚島の問題をも一気に解決できる」「中国は戦争するたびに強くなるのだ」とも自画自賛しているのだ。もちろん日本在住の中国人だけでも、尖閣奪還の実力を持っているので、中国海軍の「東海艦隊」を出動するまでのことはないだろうという楽観論もある。中国の捕らぬタヌキの皮算用によれば、尖閣と琉球さえ祖国に取り戻せば、台湾も自然に祖国の懐抱《ふところ》にとびこんでくる。蒋介石時代の「琉球亡命政府」以降の琉球独立運動も、台湾、香港、中国の尖閣活動家と同じくすべて中国共産党統戦部の指揮下に入っている。

中国にとっては、軍とは別世界である。格別な存在だけではない。だから江沢民も胡錦濤も軍を牛耳らなければ、党と政だけでは真の中国の最高国家指導者にはなれない。鄧小平は党中央軍事委員会の長ゆえに、最高実力者となり、意のままに中国の舵を取れたのである。

中国の軍からすれば、人民共和国があるのは、軍が内戦で勝ち抜いたからであって、軍があっての国である。毛沢東にいわせれば、「銃口から政権が生まれる」ものだ。

中国の軍人だけでなく、文人までやたらに核や中性子爆弾の攻撃を主張するのも中国の風土が生んだもので、建国の父毛沢東でさえ「仮に原水爆によって中国人口の半分が死んでも半分は生き残る」というのである。人間をただの数として考えることも中国人の代表的な人間観で、世はすべて力によって決める。だから「核大戦のなかで、われわれは百余年来の重荷を下ろし、世界のすべてが得られる。中華民族は必ず核大戦のなかで本当の復興を得られる」(朱成虎将軍の先制核攻撃論)というのは軍人の考えだけではない。中国人の代表的な「戦争観」である。「核戦争なら中国は絶対勝つ」「ICBMの技術は中国は世界の最先端を走っている」という自信が、経済力と軍事力の増大によって過信に変わる中国人はますます多くなる。

現代中国人の性格、品性、あるいはものの見方と考え方をつくったのは、六〇年にわたる人民共和国政権からだと語る中国民主派の言論人が多い。それは決して正確ではない。まったく人民専制下に育てられた経験のない台湾の中国人も中国人と共有にする性格が多いことに注目すべきではないかと比較を喚起した。

今日の中国的性格が生まれたのは、遡って一八世紀末の白蓮教の乱からえんえんと文革にいたるまでの一世紀半以上にわたる内戦の歴史的産物と見るべきだ。

世界的にもよく知られる中国の代表的な作家、林語堂はかつて「中華民族は根本的には敗類（人間のクズ）だ」、近代中国の代表的知性、梁啓超は「戮民（殺戮される民）だ」と指摘した。近代中国の文壇を代表する詩人で文学者の徐志摩は「群衆行為から見れば、中国人は世界で最も残忍な民族だ。個人的行為から見たら、中国人の大多数は最も恥知らずな個人だ」と中国人の国民性を語った。現在の中国政府や中国人は戦乱、天災や人民専制下の苦難・災禍を経験した僥倖の生き残りだという歴史の産物から中国的性格を知らなければならない。要するに彼らは地球人ではないからだ。いざというとき、日本は中国軍だけではなく中国人とはどうつきあっていくべきか。この中国人のビヘイビアを知らなければならない。

第四章

中華振興の夢をめざす中国の対日攻略

中華人民共和国成立と毛沢東の時代

中国の歴史は長い。通称五〇〇〇年の歴史がある。正確に言えば、四千余年である。秦帝国以前の時代は「先秦時代」といわれる。春秋戦国時代があり、それより以前は、夏・殷・周と称される「三代」がある。それよりもっと遡っていくと伝説の「三皇五帝」の神話時代となる。「先秦時代」は約二〇〇〇余年と推定される。

秦帝国以後は「中華帝国」と総称され、二千百余年にわたる。もちろん万世一系ではなく、分裂と統一をくりかえし、「一治一乱」とも言われる。いわゆる「易姓革命」である。北方の騎馬民族に征服されたこともある。元王朝がモンゴル人であり、最後の中華帝国である清王朝が満州人である。

満州人は中国東北方長城外の半農半猟の民族で、太祖ヌルハチの代に後金国を建国。三代目順治帝の代に万里長城内に入り（いわゆる入関）、中国を征服した。四代目の康熙から雍正・乾隆三帝約百三十余年で西域（現・新疆）、チベットまで征服した。前王朝の明代より領土を三倍拡大し、それが中華帝国史上の最盛期であった。

だが、乾隆帝が退位して上皇になった年の一八世紀末から白蓮教の反乱をはじめ、文化大革命に至るまでの約一八〇年近く中国は内戦が続いていた。梁啓超の統計によれば、中華帝国史は三分の二が戦争と殺戮、近代文壇の重鎮柏楊によれば、中国史に戦争のない年はなかったという。

そういう歴史社会背景下から見ると、毛沢東の全生涯はまさしくそういう内戦、内乱、内争の中で、その一生を終えたのだ。

中国共産党の創立は一九二一年であった。コミンテルンの指導下で党創立初期の指導者が陳独秀で、毛沢東も湖南代表として参加した。はじめソ連・コミンテルン支援下で国民党の孫文が広州軍政府を樹立した。共産党員も国民党に入党、二重党籍となっていた。やがて国共が分裂して、一九二八年に人民解放軍の前身である紅軍が創立された。周恩来、朱徳が初期紅軍の指導者で、毛沢東と彭徳懐は紅軍を率いて江西辺地の井崗山に入り、最初の根拠地をつくった。まもなく、国共内戦に入り、共産党軍は根拠地瑞金から追われ、延安まで大逃亡した。それが、中国共産党史でいう「長征」である。毛沢東は長征の途中で共産党軍の軍権を掌握し、延安の時代で党と軍を牛耳り、くりかえし粛清の党内闘争の中で不動の指導者の地位を確立した。日中戦争中に、毛沢東は勢力を拡大し続け、六万人から終戦当時は一〇〇万の大軍にまで膨張した。戦後、国共内戦が再開、蒋介石率いる国民党軍が敗れ、中華人民共和国政府が北京で樹立した。

人民共和国成立後の三〇年が毛沢東の時代で、対外的には「世界革命、人類解放」を掲げながら、朝鮮戦争、ベトナム戦争、カンボジア戦争をはじめ、各国に革命を輸出した。国内では社会主義社会建設をすすめるのには、反対勢力の資本家、地主、知識人などの粛清運動がいわゆる「三反・五反」運動、「百花斉放・百家争鳴」「反右派闘争」である。大躍進運動という急進的な建設運動が失敗し、数千万人の餓死者まで出た。その後、毛沢東、林彪、そしていわゆる「四人組」（江青、張春橋、王洪文、姚文元）らが青少年の「紅衛兵」を利用して劉少奇、鄧小平ら「実権派」に対する奪権闘争がいわゆる「文化大革命」である。それは毛沢東の死と「四人組」の逮捕によって終結。以後「文革」は「動乱の一〇年」ともいわれる。

鄧小平・江沢民・胡錦濤の時代

毛沢東が天寿を全うしたことによって、文革が実質的に終わっただけでなく、建国以来の「社会主義建設路線」も「自力更生」路線も終わったといえる。朱徳、周恩来ら革命第一世代が世を去り、後継者とされる劉少奇、彭徳懐も獄死、毛のもっとも親密なる戦友、林彪も謀反で逃亡中、飛行機で墜死した。

一九七三年の党十全大会で周恩来が政治報告の中で語った党内の「十大闘争」を経て、ほとんどの党有力者は、この世から消えていた。社会主義建設の結果、ヒトもなく、モノもなく、カネもなくなって、「平等社会」らしいものをつくったものの、革命中国以前の毛沢東がいう「一窮二白」（すかんぴんにして無知）社会にもどった。もちろんそれは中国にかぎらず、ソ連も、東欧も、北朝鮮だって同じ結果だった。

それは、決して「文化大革命」の動乱の一〇年だけでなく、毛沢東の社会主義建設の時代をも含めて三〇年近くつづく天下動転の時代であった。その反省から一九七五年に第四期全人代第一回会議で新憲法を採択し、周恩来総理の政治報告で、「四つの現代化（近代化）」を提示した。それが鄧小平時代以後の「改革開放運動」推進の政策的論拠となったのである。

毛亡き後には鄧小平、陳雲、李先念、葉剣英ら党復権派の実力者と毛の指名後継者・華国鋒、毛のボディガード汪東興らの合作で北京政変を起こし、「四人組」逮捕によって、文革路線を全面阻止した。

一九七九年に鄧小平はベトナムに対する「懲罰戦争」を利用して軍権を掌握、「四つの現代化」を利用して鄧小平体制を固めつつあったが、改革開放路線は決して順風満帆ではなかった。

鄧は党の長老や実力者たちと奪権闘争をしながら、毛の指定後継者・華国鋒を葬り、二人の腹心胡耀邦総書記を八七年で斬り、二年後の八九年、六・四天安門事件でまた趙紫陽総書記を斬り棄て、中国の民主化をおさえるのに成功したのである。

鄧は党中央軍事委員会の主席として軍権を握り、改革開放の「総設計師」として、上皇となり、最高実力者として裏で「改革開放」運動を号令した。ことに一九九二年に有名な南巡（南方視察）講話でスピードが遅いとハッパをかけ、運動に加速させたことが、高く評価されている。この年に社会主義市場経済論が中共党第一四回大会で採決された。

そもそも、中国は一つの天下（世界）であって、国家ではなかった。天子である皇帝は万国万民を統治し、天下に君臨していた。たとえば、中国の代表的な文人・梁漱溟は、西洋はなおも国家の時代で、中国はすでに国家を乗り越え、一つの天下となっている。今では中国として呼ばれているが、中国が国名をつけられたのは、中華民国と中華人民共和国の時代になってからで、中華帝国の時代には「国名がなかった」。中国という国家は二〇世紀になってからのものであるという。

多文明、多文化、多民族、多言語の社会だから多元的な天下を一つの国にするのは、きわめてむずかしい。だから、歴代の王朝は十数年から数百年で崩壊と再生が続いてきた。二〇世紀になってからも清帝国、民国と体制の崩壊がつづき、改革開放は毛沢東体制の崩壊と見るのが正しい歴史認識ではないだろうか。

一九一一年に中国は辛亥革命が起こり、清王朝が瓦解した。だが、近代国民国家をめざす中華民国の建国も挫折した。それからは政府乱立の戦乱国家となり、国共内戦に勝ち抜いた中国共産党が人民共和国を樹立したのである。

中国は有史以来、天子は天意にしたがい、万民を統率して、天下に君臨した歴史が長かったので、「天意を問う」代わりに「民意を問う」システムの確立はむずかしい、いやできない。

だから、人民共和国が次代の国家元首を決めるのはたいてい先代の、しかも最高実力者にたよる。毛沢東の後継者は建国以来、嘱望の人々、たとえば劉少奇、林彪などなどは次から次へと消え、いや消されてしまった。死の直前に「君がやれば私が安心だ」という紙切れ一枚で華国鋒になった。だが、やがて消えてしまった。実力不足だからだろうか。華は失脚後、党からも脱退、最後「毛」の姓に復帰、回顧録を出すことにさえ許可を得られなかった。それでもその他の失脚者よりは好運である。

それは、毛沢東の死後のことだからだろうか。鄧小平は生前に後継者を胡耀邦、趙紫陽にしたものの、やはりうまくいかず、みずからの手で斬り棄てなければならなかった。そして、三代目を江沢民、四代目を胡錦濤と同時に指名し、うまくいった。四代目の胡錦濤が江沢民につぶされなかったのは、別に江が鄧の遺訓を忠実に守ってきたからではない。江はそれほどの絶対的な力がなく、パワー・オフ・バランスを保つのに汲々としていたからだ。

江沢民政権は一二年にわたり、経済成長の好運にも恵まれ、平和的に政権を四代目の胡錦濤に渡した。これは、人民共和国政府時代だけでなく、中国共産党史の中でも血を流さないですんだ、じつにめずらしいケースである。

中国は改革開放後三〇年経って、経済規模は約一〇〇倍ふくらんだ。軍拡も同様に突出している。それはたいてい江沢民から胡錦濤時代の二代で加速度的に達成したものである。本来なら経済成長の功績で人気が出るのが世の常である。だが、江の評判はじつに芳しくない。その理由は多々ある。江は上海閥（幇）をつくって我が世の春を謳った。上海人というのは、中国国内ではどこでも、もっとも嫌われる人種だ。『平家物語』にある平家のように、その栄華は「久しからず」と呪われつづけているのだ。「経済」はたしかに評価される。問題はその成長から生れた「ひずみ」だ。貧富の格差の拡大、官僚汚職、環境……数え切れないほど負の遺産を残している。ましてや革命国家の理想とは「平等」だったのであるから。

江沢民の時代は、社会主義イデオロギーに代わり、「愛国主義・民族主義・中華振興」を国是国策として、党の崩壊を守り、反日で生き残った。だが、民主化の芽を摘みとり、「権貴（特権貴族）資本主義」社会にしたのである。ただ、「国富」を党と軍の特権階級の「私富」にかえただけとしか思われない。ましてや軍拡に狂奔したことは、周辺諸国には覇権主義の台頭としか映らないので、むしろ脅威である。だから内からも外からも嫌われる存在であり、不公平、不平等を拡大した元凶でもある。

人民共和国政権の対外戦争と戦略

有史以来戦争のない年のない大陸中国は、帝国から民国、そして人民共和国と三度も国体、政体を変えつつも、「戦争立国」「侵略立国」の国家原理を変えていくことはできない。だからいわゆる「両桿子」（軍と情報統制の二つのテコ）で国を守り、さらに「党、政、軍」三権を一人の国家指導者が牛耳らないかぎり、国家も社会も安定できない。それがこの国の宿命であり、中国人である以上、その「さだめ」から逃れることはできない。

中国の歴史は長い。数千年にもわたって地上資源はほとんど先祖たちに食い尽くされた。毛沢東が自ら主張しているように、中国とは「一窮二白」（すかんぴんにして無知無学）から人民共和国をスタートせざるを得なかった。その上に「世界革命、人類解放」を目指して、周辺諸民族を強制統合し、チベットもウイグルもモンゴルも中国人にした「中華民族」という幻想は、多文明の衝突と文化摩擦という問題を抱えている。

人民共和国にさらなる悲劇を加えたのは、竹のカーテンを自ら閉じて「自力更生」せざるを得なかったことである。中国の歴史社会のしくみからすると、内戦あるいは対外戦争の原理をクリアすることは不可能に近い宿命である。毛沢東の時代に入って、「帝国」も「民国」の国のかたちをとるのは難しいので、「社会主義」の人民専制（プロレタリア独裁）を選ぶしかなかった。そこで毛沢東の中国は三反五反運動、反右派闘争、大躍進、そして文革まで、運動につぐ運動、革命につぐ革命が続いたわけだが、大躍進の挫折によって数千万人が餓死し、文革の混乱はこの国を決定的にノックダウンした。

「戦争立国」の中国にとっては、内紛内戦は対外戦争と連動しながら、それを国家の対外戦略として調整しなければならない。中国を知るには、少なくともその戦争立国の宿命を知らなければならないのだ。

毛沢東から鄧小平の時代には、中国は一七回にもわたって対外戦争を行ってきたが、そのほとんどを限定戦争におさえ、全面戦争を避けてきた。なぜ人民共和国の時代になって、そういう限定戦争としての対外戦略を取らざるを得ないのだろうか。

日本は日米戦争に負けて大日本帝国が崩壊したが、それでも日本の国体は変わらなかった。内戦も起こらなかった。日本における最後の内戦は今から百余年前の明治維新後の西南戦争だった。

だが、中国は二〇世紀に入って帝国、民国、人民共和国と三度も国体と政体が変わっただけではない。毛沢東の社会主義国家と改革開放後の「権貴資本主義」国家は明らかにまったく異なる政体である。中国で戦後行われた国共内戦だけではなく、朝鮮でもベトナムでも自民族同士の内戦とジェノサイドが行われた。中国ではダライラマがいう「文化的虐殺」が今でも進行中である。

このように、「戦争立国」の中国が抱えている矛盾は実に多い。だから対外戦争へと突入する「さだめ」は避けられない。国内の諸矛盾を処理するためには対外挑発をテコに共通の外敵を創り出さなければならないのだ。中国の対外戦争のしくみについては故鳥居民氏が著書『毛沢東　五つの戦争』（草思社刊）で詳細に解明を試みている。

氏は、人民解放軍が対外軍事挑発をテコに国内政策を推進した具体的な戦例を指摘している。たとえば、朝鮮戦争は「アメリカ帝国主義」に対する怒りを沸き立たせ、国共内戦後の社会不安の矛先を外敵に転嫁させるのに役立った。さらに愛国主義という名の下で増産や節約運動、生産競争を刺激し、党の独裁支配と社会主義経済建設の土台を築きあげるために利用された。それが「三反五反」運動であった。

朝鮮戦争から中印、中ソ、中越など中国が仕掛けてきた度重なる対外的な挑発戦争は、傷つけられた中国人の民族的誇りを癒し、ナショナリズムを盛り上げるのに役立つだけでなく、民衆の不満を共通の外敵に仕向け、国内問題の処理をしてきた。これが七〇年近く中国が取ってきた対外挑発の常套手段だった。

もし対外戦争がなければ、中国の国内問題を処理するのは極めて難しいというよりも不可能と断言できる。だから建国以来の中国が絶えず対外戦争を挑発してきたのは国内矛盾を処理するためである。限定戦争にせざるを得ないのは、もし全面戦争までに発展してしまうと、共産党政権は大打撃をこうむり、元も子もなくなるからだ。

政策遂行と民衆の不満を共通の外敵に向かわせるのが目的である以外に、政敵を前線に送り出し、外敵の手を借りて内敵を消滅させる目的もある。たとえば、朝鮮戦争は国共内戦直後に成立した早期の人民共和国にとっては、外敵の手を借りて内敵を殲滅《せんめつ》する最高のチャンスだった。人民義勇軍一〇〇万人の朝鮮への派遣は国民党の投降兵を最前線に送るためで、人海戦術はアメリカの砲火を利用して内敵を殺すためだった。

鄧小平の対ベトナム懲罰戦争は鄧小平の軍権掌握が目的だった。内敵の林彪軍や最強の許世友軍をベトナムの最前線に送り出し、ベトナム軍の手を借りて殺してもらうのが目的だった。中国的用語でいえば「借刀殺人」（他人の刀を借りて人を殺す）である。ベトナム戦争当時、ベトナムの正規軍はカンボジアの前線にあり、解放軍と戦ったのはベトナムの民兵だった。五〇万人も戦死したのは戦史としては異例のことである。それはベトナム軍の手を借りて内敵を殺させるのが狙いだった。もし尖閣戦争があれば、それは習近平が日本の手を借りて団派を消滅するのが目的と読めばはずれはなかろう。

台湾は近々中国に「統一」される？

「台湾はもうだめだ、やがて中国に統一される。台湾の次ぎは沖縄、そして日本だ」と考える人は少なくない。いや増えている。それはたしかである。

もう日本もだめだ。「中国の属国になる」と公言する人が多くなり、極端なのは「日本は滅びる」と断言する人までいる。私は今年もそういう年賀状をもらった。

戦後、国民党政府は、マッカーサーの第一号命令を受け国民党軍が台湾に進駐。日本軍二〇万人、民間人四〇万人が追われた。一九五〇年代から国共内戦に敗れた国民党政府が滅び、追われた蒋介石軍は台湾で中華民国を再建。約四〇年間中国化がすすめられた。八〇年代末から李登輝、陳水扁本土人政権ができ、約二〇年の台湾化の後、〇八年から馬英九政権に変わった。かつての韓国盧武鉉《ノムヒョン》政権と似ていて、台湾の馬政権は真正反日親中政権である。

いくら本人が「反日」は誤解でじつは「友日」だと弁解しても、言っていることやっていることはまったくちがうのは明々白々だ。反日親中というよりも「向中一辺倒」だ。昔日の日本民主党政権の「反日親中」の特質とは少なからぬ同質性や近似性をももっている。

なぜ「もう台湾はだめだ」と多くの日本人が見るように、あるいは感じるようになったのかというと、もっと全体的あるいは本質的にとりあげれば、ここわずか二年だけの間で、台湾は急速に四つの危機が急浮上している。しかも深刻化しつつあるのだ。つまり経済、マスメディア、司法、主権の危機に直面している。

政治的だけでなく、文化的にも、中国人社会とは、伝統的には人治社会で、「三権分立」とは不可能に近い。馬政権になってからは、司法まで牛耳るに至ったことはじつに「鬼に金棒」「虎に翼」のようなもので、司法まで政権の用心棒か殺し屋になってしまったのは法治社会としては大きな危機である。

馬政権になってから中国政府の意向でＥＣＦＡ（両岸経済協力枠組協議）の締結を強行した。ＥＣＦＡとはＦＴＡ（自由貿易協定）とはちがって、国家主権を放棄して、中台の経済一体化をはかるもので、中国の従来の対台湾統一戦略である「以商囲政」、つまり農村が都市を包囲するという毛沢東戦略にちなんで、経済で政治を骨抜きにし、「以経促統」つまり、経済で統一を促すというものである。

そもそも中国人政権の二大支柱とは教育とメディアである。台湾は中国ほどの情報鎖国でなくても、現在のほとんどのメディアは中国資本か統一派が牛耳っている。台湾系のマスメディアは目下「サンドイッチ」にちなんで「三（立）民（視）自（由時報）」（三明治と同音）といわれる。日本ではメディアといえば、それがテレビであろうと、新聞雑誌であろうと、「情報伝達」がごく普通のイメージだが、蒋介石父子の時代は、「すべて人を騙すもの」（都是騙人的）というのが常識。李登輝・陳水扁の時代には、メディアの自由化がすすめられたが、馬政権の時代に入ってから、メディアの劣化が急速に昂進。台湾系のメディアネットまでをつぶしにかかった。

もっとも憂慮されているのが、主権国家としての危機である。馬の対中急接近は属国以下の、具体的にいえば、中華民国国家元首としての「総統」さえ棄てざるを得ない交流である。というのは、中国政府は国連での常任理事国の国名は「中華民国」の継承国家の代表として国名をそのままにしても、国連以外の国際社会としては「中華民国」の存在を絶対認めないからである。

もちろん馬英九総統も彼なりに多くの弱みがある。総統選挙当時、アメリカ国籍の問題や在米のスパイ活動など一時スキャンダル問題として話題になったものの、アメリカ政府としては、馬英九の過去については、「ノーコメント」としてその弱みを握っているままである。

馬英九はほとんど胡錦濤の言いなりに「実践躬行」せざるを得ないのは、馬にとって「不倶戴天」に近い大物ライバル・連戦と宋楚瑜がいるからだ。もちろんそれだけではない。国民党、民進党以外に、中国政府はいつでも翼賛政党としての第三勢力を旗揚げする「うわさ」という圧力をもかけているからだ。

それでも馬英九の「対中一辺倒」という危機感の中で、逆に台湾人意識が急上昇。危機や逆境だから人間は逆に強くなることもあろう。

尖閣奪取をもくろむ「三戦」の読み方

尖閣に対する中国の「世論戦」「心理戦」「法律戦」といわれる「三戦」については近年日本でもよく語られ、知られている。

それは尖閣に限定するものではなく、沖縄、日本本土そして東シナ海にまで及ぶ海洋支配に対する中国の世界戦略の一環であることを知らなければならない。

台湾に対して、人民共和国建国後から「中国の絶対不可分の神聖なる固有の領土」と主張しはじめ、「台湾解放」「中国統一」の「大義名分」をずっと主張し続けている前例を想起すべきである。

尖閣に対する領有主張は、海底資源の発見などもその契機の一つだったが、尖閣（釣魚島）は台湾に所属し、台湾は中国のものだから台湾のものは中国のものという「世論戦」が最大の目的だった。

従来尖閣は日本の領土と認知してきたのを、七〇年代に入って唐突に中国の固有の領土だと言い張るには、さまざまな論拠が必要となる。根拠に欠ける古典を引っ張り出すほか、日清戦争のどさくさに盗まれたものだと言い出し、つい最近では「カイロ宣言」「ポツダム宣言」の受諾によるなどと「法的論拠」も持ち出している。さらに日本の実効支配に対しては、中国はすでに六〇〇年も実効支配していると主張し、尖閣海域に対する海からの公船侵入、空からの挑発行為の敢行を日常化させている。

尖閣は中国のものという「世論戦」は言論統制下にある中国の民衆にとっては有効であるが、米ニューヨーク・タイムズやワシントン・ポストへの広告をはじめとする国際社会に対する「世論戦」の効果は皆無ではないまでも限定的である。それは日本の対応にもよるものだ。

「中国は嘘つきの国」というイメージは、欧米では中世・近代からすでにルソーやモンテスキューなど哲学者、思想家の賢人によって指摘されている。竹のカーテンが開かれた後に中国を訪れた西洋人の旅行者からも、「中国で一週間に耳にした嘘はヨーロッパの一年で耳にしたものよりも多い」と指摘される。これが一般常識のある人が中国に対して持つイメージである。中国が古来「嘘つき立国」であることはむしろ歴史の鉄則で、人民共和国を支える「両桿子」とは、先にも述べたように「軍事」と「世論」の統制である。

中国では「世論」そのものが嘘にほかならない。所謂文化人といえども、考証学と弁偽学の知識がないかぎり、古典をはじめとする歴史や文化を知る術はない。民間でも「世論」に対して懐疑的で、「人民日報は人民を騙す」「解放軍は軍人を騙す」という諧謔が流行している。『人民日報』は名前の四文字だけが真実」とも言われる。

嘘のつき方が下手なことも多々ある。その一例としては、「人民日報」が掲載した毛沢東健在を伝える揚子江水泳写真記事が有名だ。波が逆方向であることと、スピードがオリンピックの倍という劣作で、掲載後すぐに合成写真であることがバレている。朱鎔基元総理まで「すべてが嘘、本物は詐欺師だけ」という俚諺《りげん》を口にするのだから、「世論戦」を仕掛けるにも、単なる嘘つきの流布というバカの壁を突き破れない限界がある。だから効果は限定的だ。

二つ目の「心理戦」だが、中国の「心理戦」はゆすりたかりの恫喝が主な手段であるため、多用すると効果が相対的に減っていく。恫喝する方もされる方もマンネリになってしまうのだ。

たとえば台湾に対する「武力行使」の恫喝は二〇〇〇年までにはすでに一〇〇〇回以上にも達し、二〇〇〇年の総統選では、「好ましくない人物」の陳水扁が当選すれば「即戦争だ」と朱鎔基総理（当時）が恫喝した。中国の戦略関係者も「中国が台湾を統一するには中性子爆弾が有効で、南部から台湾に上陸する。南部の台湾人は陳水扁を選出したから悪い。南部が戦場と化すのは自業自得だ」と恫喝した。

一九九六年初めの総統直接選挙でも「文攻武嚇」といわれる恫喝があり、現在も台湾の対岸から一〇〇〇基以上のミサイルを台湾に向け、年々増強している。金門、馬祖の台湾最前線の島々は中国大陸の目と鼻の先にある。それでも六〇年以上にもわたって恫喝を繰り返すのみで、「心理戦」がマンネリ化すると、戦力が減退するのは人間心理の摂理でもある。

たしかに改革開放初期の八〇年代には、千船保釣や万船保釣という漁船団の尖閣襲来があった。ここ最近では、「尖閣戦争」が迫っているという声も挙がっている。中国の将官級の軍人は、いったん戦争になれば、中国の解放軍が三〇分以内に圧勝し日本は六時間以内に亡国すると公言している。しかし、こうした中国心理戦の効果は日本の対応次第である。日本が毅然とした対応をすることによって、中国の力量もやる気も変わるだろう。

最後に「法律戦」であるが、中国は「法律戦」ではほとんど勝ち目がないから、もっぱら「世論戦」「心理戦」に走らざるを得ない。中国が尖閣領有の根拠と主張する「歴史的論拠」はすべて嘘であるため、最後に残るのは、尖閣と沖縄は地勢学的には異なるとする台湾の主張である。尖閣と沖縄の間には二〇〇〇メートル以上の海溝があり、尖閣は台湾北部の大屯火山山脈の海底下に延長する「大陸棚」に属するとする地形学的な論拠しか残っていない。

だが、地形地勢学的な領有の主張は、中国からすれば自国が関わる陸の国境紛争のすべてに当てはまり、そもそも南シナ海を巡る周辺諸国との島嶼領有問題では、中国は諸国が主張する大陸棚理論にはずっと反対している。南シナ海と東シナ海でダブルスタンダードの主張を行うのは無理であろう。

中国最後の手は、「世界が反ファシズム戦争に勝利したという成果を日本は公然と否定し、戦後の国際秩序および国連憲章の趣旨と原則に対し挑戦している」と主張することである。しかし、戦後の国際秩序を決めたのは、多国間のサンフランシスコ講和条約であり、決してカイロ宣言やポツダム宣言をはじめとする一方的な宣言ではない。多国間で決めたサンフランシスコ講和条約に不満が多いのはむしろ日本である。それでも日華間も日中間も、両国間の条約によって、今日の国際秩序が決められているのを忘れてはならない。

歴史捏造は中国の得意技

中国人は古代から歴史を記録してきている民族であるが、インド人はどちらかというと超歴史的で、宗教的な民族である。とはいっても、日本人は歴史の真実を知りたがり、求めてきた民族であるのに対して、中国人はどちらかというと、他人にいわゆる「正しい歴史認識」をおしつけたがる民族だ。

ではなぜ独善的な「正しい歴史認識」を他人におしつけたがるのかというと、それは中華思想という自己中心的にして独善的民族性格からくる以外には、中国人にとっては「歴史」そのものも「政治」である。もちろん中国人にとっては、歴史だけでなく、音楽、文学、芸術、スポーツまで、すべてが政治であるからだ。

日本の大学では歴史学科は「文学部」に所属することが多いが、中国の伝統では、たいてい「政治学部」に所属する。改革開放後前には大学に経済学部さえなかった。

すべてが政治の国だから、政治的必要に応じて、歴史の改竄《かいざん》や捏造が必要にもなってくるのである。すでに古代から偽作や捏造が流行っていたのである。たとえば最古の書とされている『尚書』（書経）はすでに漢の時代から今文尚書と古文尚書の真偽の論争があった。後に考証学が発展し、清代の閻若璩《えんじゃくきょ》の考証によって「古文尚書」は偽書だと確定した。

もちろん史観については、国家、民族、文化、文明、宗教、言語、あるいは利害関係がちがえば、史観が異なるのはあたりまえで、どの国でも史観をめぐって、対立がさけられない。地球人口七〇億人に近いのだから、七〇億の史観があっても、ごくあたりまえのことで、自由民主主義国家なら全体主義的な史観のように、「一つだけ」にする必要もない。

もちろん、歴史の編纂と記述については、その正確性、歴史の真実については、史料の収集、分析から記述に至るまで、どこまで真実に接近できるかどうかは判別するのはむずかしい。史観については、記述者や編纂者の個人的な思想や価値観もかなり入っているので、いわゆる「正しい歴史認識」は「政治」であって「歴史」ではない。

たとえば、司馬遷の『史記』については、比較的評価されるのは、司馬遷の時代の漢の武帝の部分と父の書いた楚漢の争いの部分とされている。あるいは司馬光撰述の『資治通鑑』は南朝しか正統王朝として認めないが、劉知幾の『史通』は南朝と北朝ともに正統王朝として認めていた。だから『資治通鑑』は中華思想のかたまりだともみなされている。

中国人はすでに古代から、「聖人」に仮記する諸子百家が一家言を説くのが流行っていたので、偽作の国だといえる。

中国の古文書はたいてい経・史・子・集に大分類される。偽経、偽史、偽説、偽作だらけの国だから「真書」と「偽書」をどう弁明するのか。これについては、中国は満州人の清に征服された後、「考証学」が発達し、偽経、偽史、偽作が多く明らかにされるようになった。以後にいわゆる「弁偽学」として発展している。偽史、偽書の研究について、たとえば張心澂の『偽書通考』(一九三九年・商務印書館)は一一〇四部の古典を考証したのに対し、約六〇年後に新研究書を追加、収録した。『中国偽本綜考』(一九九八年・黄山書社)はそれを上まわる一二〇〇余種を収録した一〇二四ページ以上の大著である。

ことに科学技術の発達から政治改革や革命目的で、合成写真から書画、偽書、偽史、偽説はプロパガンダ目的で、政党や政府によって製作され、国家戦略としてもいっそう洗練される。

それが、中国にかぎらず、日本の教育とマスメディア全域にわたって氾濫し、日本人のマインドコントロールをはかっているのである。ことに中国政府からしつこく、くりかえしておしつけられた、いわゆる「正しい歴史認識」はその代表的な偽史だ。

だが、日本人学者まで中国のプロパガンダに呼応する「正しい歴史認識」の中で、そもそも最初からの失敗作もあった。たとえば日中戦争（八年抗戦）中の「黄河決崩」「長沙焚城」「田中上奏文」などなどは創作直後にすでに見破られ、論破されている。一方、戦後最大のヒット作である「南京大虐殺」や「三光作戦」「万人坑」「七三一部隊」などは今でも一部の日本人に信じられ、論議がつづけられている。私のように長期にわたる中国史の史料検証の経験からの常識では、いわゆる「正しい歴史認識」と謳われているものこそ正しくない。ほとんどが中国史からコピーしたものが針小棒大に牽強付会されているか、あるいは完全に空想妄想からの創作と断定する。

今現在、中国の大学や学界でも学術論文や学説の盗作、コピーが横行、外からの非難があまりにも多い。いわゆる「学術の腐敗」として学界にも自粛や解決策を呼びかけている。では日本から中国を知るのによい手はあるのだろうか。私の提言の一つとして、いわゆる「正しい歴史認識」というものは、「逆さま」に見ればたいてい正しい、という「逆観法」をすすめたい。

恫喝外交は中国の常套手段

恫喝という手段はヤクザ世界だけでしか通用しないものであるということはよく知られている。たしかに法治社会では通用しない。あるいはむずかしい。というのは恐喝罪で逮捕起訴もよくあることだからだ。

しかし国家と国家という国際の世界では、国際法があっても、あくまでも力の世界だから、恫喝は決して珍しいことではない。たとえば北朝鮮がよくする「火の海にするぞ」というのは聞き慣れている人も多いことだろう。ことに瀬戸際戦略として、恫喝だけでなく、じっさいに威嚇する行動もよくあるからだ。

もちろんそれは列強時代によく見られることで、今でもつづいている。だから、開国維新後に「鉄血宰相」といわれるプロイセンのビスマルクは、「万国公法」（国際法）は無力で、国際力学も考慮すべきだと来訪した日本の志士たちにアドバイスしたのだ。日本は小国主義ではなく、大国主義の道をめざしたのは、よく列強時代のしくみを知る賢明なる選択だった。

恫喝は「火の海にするぞ」と吐く小中華の朝鮮とはかぎらない。大中華の中国のほうがどちらかといえば本家である。それはむしろ伝統文化ともいえる。

たとえば、台湾の実例を見ると、九〇年代の李登輝の時代には、「台湾人として生まれた悲しみ」をテーマに司馬遼太郎との対談をした後、中国はすべてのメディアを総動員して「歴史のゴミ箱に投げ捨てるぞ」など罵詈雑言を浴びせただけでなく、九六年の総統直接選挙のさい、ミサイルの威嚇射撃、いわゆる「文攻武嚇」までしたのである。

民進党が野党時代の九〇年代に呂秀蓮（後の副総統）は、中国からの「絶対武力を放棄しない」などなどの一〇〇〇回以上にもわたる中国政府の恫喝をあつめて、国際法廷に提訴すると公言したこともあった。

中国が台湾に対する恫喝はよく条件つきで、「もし独立でもしたり」「外力介入でもしたり」「核開発でもしたら」というもので、そのきわめつけは、もし「統一をあくまでも拒みつづけたら」

というものがある。二〇〇〇年の総統選挙にさいし、朱鎔基総理（当時）が「もし陳水扁が当選したら即戦争だ」と恫喝したら逆効果になって陳水扁が予想外に当選した。だが戦争は起こらず、恫喝だけにとどまった。

だが、台湾海峡の対岸に台湾向けのミサイルは年々増強され、目下は一四〇〇基に達しているのだ。

もちろん台湾に対してだけではなく、東南アジア諸国に対しても南シナ海の島嶼をめぐる領有権の争いの中で、「もし各国が中国の『内海』である南シナ海諸島を侵略しつづけたら我慢も限度がある。必要があったら、中国は『外科手術』（武力行使）をするぞ」と恫喝した。

日本に対しても、もし中国の固有領土である尖閣に日本政府が日本人の上陸を黙認したら、沖縄に対する空爆をするぞと恫喝した。二〇一〇年九月七日、尖閣諸島沖発の中国漁船の日本海上保安庁巡視船体当り逮捕の事件をめぐって、温家宝首相は「中国人船長を即時釈放しなければ、中国政府はさらなる措置を取る」と恫喝する形相は、日本人の多くがテレビ画面を通して、中国人の真の姿を見たであろう。

中国の恫喝は、文化交流から経済制裁、そして対ベトナムのように懲罰戦争に至るまで数多く見られる。

世界に対して中国は核恫喝している

中国が初めて核実験したのは、すでに半世紀も前の一九六四年の東京オリンピックの最中だった。政治的効果を狙った核保有の効果は十分であった。

あの時代、日本の平和運動や反核、反戦運動の旗手は「世界革命、人類解放」の夢に夢中で、アメリカを頭とする米英仏の核は「悪い核」「汚い核」と非難する一方、中国の核だけは「よい核」「きれいな核」と公言。むしろ中国が核を保有したことに歓喜した。

「よい核」をもった中国は初めの頃は「平和利用」「核の不先制使用」という原則を掲げながら、「核をもって核を制する」という論理を展開した。「米ソの核使用を抑止し、人類を核の恐怖から救うため」といかにも中国らしい「大義と不義」の善悪論に二分し、自国の核こそ「人類を救う核」だと自画自賛していた。

だが、この「よい核」も中国の都合により核恫喝がはじまってからは、その欺瞞性が露わになった。一九九六年に軍縮会議の中国代表大使を務めた沙祖康が、「中国の核兵器の先制不使用政策では台湾への適用は除外する」と公言したのである。「中国の核の『先制不使用』とは防衛用に限定したものだ。だが、それは『国外』への原則であって『国内』は別だ」という論法である。わざわざ国内に限って使用すると明言しているが、要するに中国の核は国内の「分離独立」や「民衆暴動」などの反乱鎮圧用にも使われるということである。台湾とは「中国の絶対不可分の領土の一部」で「国外」ではない、もし中国に反する不穏な動きがあれば「核先制不使用」の原則から除外する、と主張しているのだ。

中国の核恫喝はもちろん中国が「国内」と称する「台湾」だけではない。日本に対しても、アメリカに対しても、核恫喝と核の実戦配備を進行中である。

日本に対しての軍の将軍の発言、軍事雑誌の論文、反日デモのプラカードでは、「靖国への空爆」や「日本に原子爆弾攻撃せよ」などの言葉がしばしば見られる。もちろんネット世論では日常茶飯事である。

日本は島国、しかも工業地帯も集中している。だから「二〇発の核弾頭で日本を沈没させる」やら「水爆二個だけで地球上から消せる」などの日本核攻撃論もある。

日本に対する核恫喝のきわめつけは、日本列島撃沈核攻撃である。曰く、「中国調査船はすでに日本沿海」の海底活断層を調査終了。もし日本に不穏の動きがあれば、中国は即ち海底活断層に核をしかけ、日本列島を沈没させる。

悪いのは日本だ。「自業自得というほかない」と。

実際、瀋陽軍区に配備されている、日本を向く核弾頭は最近さらに分散強化されている。『漢和防務評論』誌（カナダ）によれば、解放軍の核兵器配備については、黒竜江、内蒙古二省・区をのぞいて、全国二九の省・区・直轄市に配備されている。中国人民解放軍第二砲兵部隊（戦略ミサイル部隊）は三つの巡航ミサイル旅団を擁している。江西省宜春市北部新設の第二一九巡航導弾（巡航ミサイル）旅団は一六輌の発射車輌と四八のCT10巡航ミサイルを所有しており、日本と沖縄が戦略目標となっている。

核ミサイル搭載の「轟―6K」戦闘爆撃機を保有する三個師団は、南京、西安、安慶などに配備され、日本、ロシア、インドに核戦争の覚悟を示している。南シナ海、東シナ海をめぐる中国と周辺諸国との緊張の中で、軍の強硬派が台頭しつつあるのは確実である。

一方、アメリカに対しては、一九九九年一一月、中国国際戦略学者の王瑋《おうい》が、週刊誌『環境薈萃』で、中国の中性子爆弾はアメリカの空母に対抗しうる兵器だと恫喝した。さらに二〇〇二年二月、中国の『解放軍報』では、中国の大陸間長距離弾道ミサイルは、米本土の都市を攻撃する能力を持つと恫喝した。

これに対しアメリカ太平洋軍区総司令プライヤ大将は、「その愚行に出る前に、中国はアメリカが六〇〇〇発の核を持つことを考慮すべきだ」と警告したという。

二〇〇三年三月、『軍事博覧報』は、民族の利益を守るためには「アメリカと核戦争をする用意がある」と再び恫喝を繰り返した。このように中国の軍人が恫喝を繰り返すのは、核戦争は避けられないとする教育を受け、実際にそうなると信じ込んでいるからだ。連年の国防予算の二桁増も、そのような信念を反映したものである。

こうした中国の国家指導者、軍部から民衆にいたるまでの自信過剰がもたらす情勢への誤認識、誤分析が、いかに危険なものであるかがわかるだろう。

さらに、二〇〇五年七月一四日に朱成虎少将が、香港で行った米英大手メディア記者との会見で、「アメリカが台湾との紛争に軍事介入するならば、中国はアメリカに対し核攻撃を行う用意がある」と語ったのである。核の「先制不使用」の原則を完全に否定する発言である。

朱成虎少将といえば、中国の人民解放軍国防大学防務学院長、国防大学党務常務委員、総参謀部戦略戦争研究室軍級研究員を歴任し、対米先制核攻撃論で知られる超タカ派である。その朱少将がなぜ外国の記者の前であえて、アメリカに対する挑発的メッセージを発したのかについては、アメリカのクレーム研究所アジア研究センターのタンブ主任研究員が言うように、「中国政府がアメリカに、直接にはやりにくい恫喝を代わりにやらせただけだ。中国政府の新たな脅迫戦略に基づいたもの」という見方が正しいだろう。中国内部の反応を見ても、それは間違いない。

たとえば、中共中央書記処は、

「言辞はもう少し柔らかくすべきだったが、我が国への侵略的軍事挑発に対する不動の決意と立場を表明しただけだった。個人的意見を述べたまでで、国際慣例上、きわめて正常なもの」と、その主張に間違いはないとの判断を下している。

中共中央書記処は、胡錦濤、温家宝、呉邦国ら国家最高指導者にも審議を求め、これに対し、胡、温、呉は、「朱の個人的意見」であるとして同意を示した。

中央軍事委員会の郭伯雄、曹剛川、徐才厚の三人の副主席とほかの委員も朱発言を検討し、「基本的には間違っていない」「わが国に対する軍事的脅威、軍事的挑発に対する個人的立場の表明にすぎない。アメリカが覇権主義勢力であることは国際社会でも周知のことだ」「核先制不使用の原則はきわめて柔軟な考えで、もしアメリカが台湾海峡の紛争に介入したら国家、領土の安全を守るために核先制使用をできるとした朱将軍の発言は、党中央の方針に沿ったものにすぎない」との報告を行った。

中国国内のこうした動きを見ても、朱発言が、中国政府が個人的発言を使って、米、日、台に行った核恫喝であることは明らかである。具体的には、アメリカの「独覇」、ことに「2プラス2」に代表される台湾に関しての日米の新思考を牽制し、それに対抗するための胡錦濤の意思表示であることがわかる。

朱将軍の「先制核攻撃論」は、このときに始まったものではない。以前から、中国人民解放軍の機関紙『解放軍報』の論評や、国防大学の内部会議などで繰り返し展開されていた。その要旨を少しだけ紹介しよう。

朱将軍の恐るべき「先制核攻撃論」の要旨

朱成虎少将は次のように恫喝する。

「国連の統計によれば、今世紀中葉ごろには世界人口は一五〇億人に達し、今世紀中には人口過剰の問題が爆発する。すでに中国、インド、東南アジア等が人口過剰問題を抱えている。ことにインドは、人口、経済、パキスタンとの領土紛争をめぐり、核戦争を行う可能性はきわめて高い。

そのドミノ現象で世界核戦争が起こる」

「だからこの未来の核大戦に対し、我々は受動的ではなく、主導的に出撃すべきだ」

「人口問題を解決するには、核がもっとも有効にして手っ取り早い方法だ」

「人口と資源の不均衡がもたらす危機は、これから五〇年以内に必ず起こる。それは早ければ早いほうがいい。なぜなら、遅くなればなるほど問題がいっそう複雑化し、解決ができなくなるからだ。しかも大量の人口は大量の資源を消費する。その資源のほとんどは再生不可能だ。さらに重要なのは、我々中国人はこの競争のなかで機先を制しなければならないということだ。なるべく他国の人口を減らし、自国の人口を多く生き残らせるべきだ。そうなれば生き残った人口が未来の人類の新しい進化の過程のなかで、有利な条件を得ることができる」

「もし我々が受動的ではなく主導的に出撃し、計画的に全面核戦争に出れば、情勢はきわめて有利である。なぜなら他の国と比べ、我々の人口の絶対多数は農村にあり、しかも我が国の国土、地形は非常に複雑で隠匿しやすい。だから政府が核大戦を用意周到に計画さえすれば、人口を広大な農村に移して絶大な優勢を保つことができる。しかも我々が先制攻撃をすれば、他国の人口を大きく減らし、我々が再建する場合には、人口的な優勢を保つことができる」

「我が国の目下の任務は経済発展であって軍拡ではないと主張する人もいるが、経済発展はすでにピークに達し、人口を有効に制限できない状況下では、貧窮人口を増やし一握りの富裕階層の生活を維持していくだけだ」

「だから政府はすべての幻想を捨て、あらゆる力を集中して核兵器を増やし、一〇年以内に地球人口の半分以上を消滅できるようにしなければならない。人口制限の愚策は早く捨て、人口をもっと増やし、そして計画的に周辺諸国に浸透させるべきだ。たとえば密入国や、シベリア、モンゴル、中央アジアなど人口の少ない地域への大量移民を行わせる。もし大量移住が阻止されたら、軍隊を派遣して先導させるべきだ。全面核戦争が起こったら、周辺諸国に疎開した人口の半分と、農村へ疎開した人口の半分があるから、他国に比べて多くが生き残ることができる」

「我々にとってもっとも敵対する隣国は、人口大国のインドと日本である。もし我々が彼らの人口を大量に消滅できない場合は、核大戦後は中国の人口が大量に減少し、日本とインドが我が国に大量移民することができるようになる」

「アメリカは強大な国力を保っているので、徹底的に消滅させないと、将来大患になる。アメリカに対しては、我が国が保有する核の一〇分の一で充分だ。台湾、日本、インド、東南アジアは人口密集の地域であり、人口消滅のための核攻撃の主要目標となる。モンゴル、ロシア、中央アジアは人口が少ないので、核攻撃よりも通常地上部隊の占領だけで充分だ」

「中国人がもし大量に移民し、ロシア人と共棲すれば、ロシアは我が国に核攻撃はできなくなる。そのためには五億人くらいがシベリアに移民するだけで充分だ」

「核の第一撃があれば、利害関係を持つ国家間で核攻撃が起こる。もし事前に計画と準備があれば、我々にとってはきわめて有利だ」

「以上のことは数年後、必ず起こる。なぜならば人口問題は、いかなる人間にも根本的な解決は不可能だからだ。歴史は必ず私の所説の正しさを証明してくれる」

「核大戦のなかで、我々は一〇〇余年来の重荷を下ろし、世界のすべてが得られる。中華民族は必ず核大戦のなかで、本当の復興を得られる」

中国政府は自国民の大量戦死さえも恐れない

実に戦慄《せんりつ》すべき論法である。中国には射程距離でロサンゼルスまで届くものといえば二〇基の大陸間弾道ミサイルしかないのに、「アメリカに対しては、我が国が保有する核の一〇分の一で充分」などと大言壮語するのは、いかにも中国人らしい危険な思い込みである。

朱少将の言うようなことを、日本人は狂気と見るだろうが、中国人はそうは考えない。中国の一般民衆の絶対的多数は、人類史の九〇パーセントは中国人が世界をリードしていた時代であり、この百数十年間の中国の没落は例外的なことにすぎず、中国が世界の中心として復活するのは当然のことであると信じているのだ。

かつて毛沢東は、「核戦争で人口の半分が死滅しても、戦後の廃墟から社会主義社会を再建できる」「核戦争はたいしたことではない。中国人の半分が死んでも、女性はあいかわらず子供を産むから、それで問題は解決できる」などと語った。

このように国の力量を人口数で測ろうとするのは中国の伝統文化、つまり伝統的な人命軽視の生命観からくるものだ。朱少将の、「人口の八割以上を犠牲にしてでも核先制攻撃を行うべき」「地球人口の半分が死んでも全面核戦争を遂行するべき」という主張の根底にも、同様の生命観がある。

中国の歴史は大量餓死、大量虐殺の繰り返しで、それによって人口が調節されてきた。だから中国人は、何千万人、何億人が死のうと、それほど深刻に考えない。人命など尊重に値するものではないのだ。

同胞の生命ですらそうなのだから、夷狄《いてき》（外国人）の生命などなおさらだ。明末期、清初期の代表的な学者である王夫之《おうふうし》は、「夷狄は禽獣《きんじゅう》であり、殺しても裏切っても、不仁、不義とはならない」と主張したが、今でも中国人のなかにはそのような潜在意識がある。

そこに近年の愛国教育が加わり、今の中国の青少年たちは、たとえ全面核戦争になっても中国は絶対に勝つ、核戦争は不可避であるからその実行は早ければ早いほど有利だなどと信じて疑わず、反日デモでも、対日核攻撃を声高に叫ぶのである。

日本人にはまったく理解できない生命観だろう。だが逆に、中国人から見れば、日本人の核アレルギーや平和主義は、理解もできなければ信用もできないのだ。

世界第二位に躍り出た経済大国の中国

中国のＧＤＰがドイツを抜いて世界三位になったとき世界から注目され、論議もされていた。

二〇一〇年には日本を抜いて世界第二位の経済大国になっている。やがて一〇年後か二〇年後にアメリカを抜いて世界最大の経済大国になる、いや永遠にアメリカを抜けないなどという予想や論議もある。

明日のことをいうと鬼が笑うかどうかは別として、「あたるも八卦あたらぬも八卦」のようなものだ。

中国はこのかた、改革開放にして三〇年有余、経済規模は計算によっては約一〇〇倍近くも急拡大しつづけてきた。今現在では、約アメリカの三分の一規模である。

日本は九〇年代に入ってからバブル崩壊、喪われた「二〇年」といわれる時代で、これに対し中国は九〇年代からバブルの最中の現時点で日本と経済的に同規模となっている。もちろん経済成長史から見ても、経済構造から見ても、日中経済を語るのはむずかしい。

中国の人口の規模は日本の一〇倍以上である。日中経済が同規模であっても、一人あたりのGDPは約日本の一〇分の一である。もちろん中国の経済的格差は年々拡大しつつある。国富の半数か八割が五〇〇〇家族、〇・〇二〜二パーセントの党・軍・官などの幹部に牛耳られているともいわれている。

もし貧富の格差がかつての毛沢東時代のように解消傾向へとすすめられ、「やがて（数年後日本が中国の一〇分の一の国になるとか、二〇分の一の国になる」という予言があたれば、日中間は経済的には同質の国として接近しうる可能性も考えられる。そうなれば、英、仏、独のような国と国との関係に近づくことも可能なのではないだろうか。

中国の経済高度成長は、いくつかの必要不可欠の条件によって達成されてきた。まずゼロに近い出発である。社会主義革命期に毛沢東がいう「一窮二白」つまりすかんぴんにして無知からの出発である。六〇年代初期は大躍進の失敗によって、経済大崩壊、餓死者数千万人にものぼっていた。そして文革は「十年酷劫」（動乱の一〇年）ともいわれ、党、政治まで崩壊に近い状態からの再建である。

改革開放とはそういう社会主義国家の悲劇から、いわゆる「社会主義市場経済」への再出発という歴史背景があった。

そしてただに近い、しかも無限に近い労働力が、外資による資本と技術移転の受け皿となっているからである。

中国のここ三〇年来の経済膨張のさまざまな理由を知るのも重要であるが、ではこれからの持続的成長がはたして可能かどうかを知ることも必要である。

近年の経済規模の急拡大はあくまでも数と量の話である。いざ経済大国としての国際的責任と貢献を求められると、中国政府はすぐ従来の傲岸不遜の尊大さから、がらっと一変して、「まだまだ中進国」だと言辞が変わり、日本からのODA援助を欲しがる貪欲さで逃げる。

もちろん質の話ならそれは真実ではないだろうか。

これからの中国が開発途上国から日米欧並みの先進国と肩を並べるまでには数え切れない難題

と課題をかかえている。

従来の持続的成長までいかなくても、中国政府が「保八」と努力目標であるGDP八パーセントを保つだけでも、少なくとも以下の条件が必要である。

・資源がこれからも無限に入手できること

・経済成長を続けていても、環境汚染の拡大をおさえられること

年々加速的に拡大再生産しつつある中国の環境汚染の数値をGDPに換算すると、中国の年間経済成長率の約三年分に匹敵する回復不能の環境汚染を撒き散らすという統計数字も出ている（鄭義著『中国的毀滅』）。中国にとっては、成長と環境問題は最大のジレンマである。

・経済成長から生まれた貧富の格差の拡大をどう解消するか

・生態学的問題にもなっている「三農問題」（農村・農民・農業問題）などを解決できるかどうか

そして「汚職のない役人がいない」という「無官不貪」の五〇〇〇年来の「伝統文化」をどう克服するかや、億単位の実質的失業人口、少子高齢化などなど、難題中の難題も抱えている。

もっとも根本的問題としては、今の中国は人類史上未曾有の最大通商国家である。通商国家の繁栄と存立の条件とはあくまでも製品を買ってくれる貿易相手国の繁栄が最低必要な条件だ。

相手国が没落すると道連れになるのがかつてのベネチアなどの通商国家の歴史教訓である。中国が毛沢東時代の「自力更生」から「他力本願」の路線変更した後、すでに世界との共存共栄を

宿命づけられている。

だから中国が経済大国になればなるほど「中国的特色をもつ」中国としてのふるまいを放棄せざるをえなくなる。

それが今の中国の宿命であり、これからの中国としての生存の条件でもある。

世界中の資源をあさる中国

中国は建国から三〇年の社会主義建設に失敗したから改革開放への路線変更をせざるをえなかった。

なぜ中国が文革終結、毛沢東死去の後、すぐに改革開放の路線に変更したのかと問われたら、「社会主義社会建設の失敗」と政治的なことに答えを求めるものが多かろう。

たしかに社会主義の悲劇は中国にかぎらず、ソ連も、東欧も、ベトナムも、朝鮮も、キューバでさえも。「地上の楽園」づくりに成功しなかったことは、どこも同じである。

だが、中国にかぎっては社会主義社会建設に失敗しただけではない。辛亥革命後、中華民国という「国民国家」の国づくりにあれほどの犠牲をはらったにもかかわらず、結果的に政府乱立、軍閥内戦、国民党内戦、国共内戦などにあけくれ、四〇年近くのカオス状態から、「民国」から「共和国」になってしまった。それでも三反五反、反右派、大躍進、さらに文革へと混乱つづきで、約六〇年（一甲子）から七〇年にわたる内戦と内紛から「改革開放」、そして四つの近代化へと再出発せざるをえなかったのである。

だから社会主義国家建設の失敗だけでなく、国民国家の建設にも失敗したといえる。その背後には、もっと本質的な理由があるはずだ。

改革開放後の中国の国是国策、そして世界戦略の一八〇度の変化から見れば、なぜ海に出なければ中国人の二一世紀はないとまで極端な主張のオンパレードをしたのか。なぜ陸の国境紛争から南シナ海、東シナ海、つまり「四海」を中国の内海と主張し、周辺諸国と紛争をしかけるのかという経過を見れば、その答えは「資源の枯渇」からということがすぐ連想できるにちがいない。

中華帝国以来、二〇〇〇年にもわたって、きびしい海禁と陸禁をしいていても、自給自足できたがゆえに、易姓革命によって王朝再生をくりかえしながら、つづいてこられたのである。

だが中国は清王朝の時代に康熙・雍正、乾隆の三代一三〇年余の間に人口が約一〇倍以上に増えていた。乾隆の代には三億を超え、アヘン戦争前後には、すでに四億を超えていた。

乾隆帝が英王ジョージ三世の特使マカトニーの通商要求を拒んだとき、「天朝にはないものはない」と豪語していたものの、それは宮廷から見た中国である。マカトニーは運河で北京から陸路で広州まで下り、船で帰国したのであるが、残した彼がじっさいに見た中国とは、すでに強盗と乞食だらけの国家となっていると『奉使録』に記されている。

乾隆帝が嘉慶帝に譲位して太上皇になった年から、白蓮教の乱をはじめ、文革に至るまで、中国ではじつに約一八〇年間にもわたって内戦や内紛をつづけてきたのである。一九世紀に入ってからすでに山河の崩壊をはじめ水害、旱魃、飢饉によって餓死、流民があふれ、一〇〇〇万人餓死したのは、一九世紀に三回あり、二〇世紀に入ってからも二回あった。一〇〇万人単位の餓死者が出たのはもうめずらしくなくなっていた。

二〇世紀に入ってからの中国はいくら革命、改革、運動をくりかえしても、ますます貧困化が昂進し、革命の成果が得られない。餓死者が数千万人にものぼる背景には、二〇世紀だけを見ても清王朝崩壊期に役人一人につき農民が三〇〇人、国民党の崩壊期には党幹部一人につき五〇人、文革末期は三〇人、改革開放後は一五人に一人という比例で農民を搾取、役人、党幹部の月収は農民の年収に匹敵するという体制になっているのである。

いくら努力し、犠牲を出しても中国がすでに自力更生はできなくなっているのは、社会主義建設三〇年によって証明されたのだ。だから改革開放後から他力本願で、地球資源をあさらざるをえない。

中国の地上資源はすでに数千年にわたって、再生できる資源まで祖先たちに食いつぶされてきた。森林喪失、地力退化、表土流出、砂漠化の拡大、山河崩壊の中で悲劇をくりかえしてきた。地下資源も十数億人の掠奪の中ですでに枯渇に瀕している。

地球資源をあさっても持続的経済成長を支えていくのに、すでに限界となり、中国政府にとっては、日米欧だけでなく、ＢＲＩＣｓとの間でも資源戦争に勝たなければならぬ。

もちろん経済の持続的成長には、地球的資源の継続的独占しかなく、それも中国の二一世紀の生存条件である。世界資源の獲得には、政治力だけでなく、軍事力もともなわなければならない。だから資源あさりは軍拡とセットにもなっているのだ。

中国が世界的規模で石油、ガス田、鉱山、そして食料資源を買いあさるのはすでに「常識」となっているが、それを運ぶのには、シーレーンを確保しなければならない。中国にとってもシーレーンは日本と同じく、あるいはそれ以上に国家存立の生命線となっている。

日本のシーレーンはアメリカが守ってくれるが、中国がもしアメリカに屈服したくないなら、やはり自前の力で守らなければならない。そこに中国の国家戦略の転換、軍拡、海洋進出の理由がある。

日本を買い占めはじめた中国資本

中国資本による日本資源の買いあさりは近来話題になり、関心も高くなっている。自衛隊基地周辺の土地も狙われているというから、余計不気味に感じられ騒がれている。地球的な規模の中国による資源の買いあさりは、別に近年になってからではない。日本の資源買い占めは、ただ中国による地球資源買いあさりの延長、というよりも終着駅か終了に近い時期ともいえる。

その理由、原因としては、中国の地上資源と地下資源はすでに枯渇に近い状態ということだから、地球資源に目を向けざるを得ない。もし地球資源が枯渇したら、宇宙資源しかないということも考えられよう。すでに「月の資源開発」の計画もはじまっていると最近では公言している。

中国の資源枯渇の問題については、すでに二千余年前の戦国初期の『孟子』に森林資源の枯渇現象をとりあげられている。末期の『韓非子』には人口と資源の問題を論じられ、有限資源をめぐる争いは人口過剰が原因だと、ずばりと指摘。じつに「マルサスの人口論」よりも早く二〇〇〇年前から論じられていたのだ。

中華帝国の時代に入ってから約二〇〇〇年以上にもわたって、人口爆発が炸裂しつづけ、餓死者や戦死者が続出、一〇〇〇万人以上にのぼることさえ珍しくない。さらに民衆による共食いも日常化している（詳細は拙著『天下第一奇書・中国食人史』台湾前衛出版社、『「食人文化」で読み解く中国人の正体』ヒカルランド）。

地上資源はほとんど祖先たちに食いつぶされてきたので、人口過剰による自然環境の悪化をもたらした。そして山河の崩壊は連鎖的に社会環境の悪化をもたらし、戦乱と飢饉の拡大・再生産と大量の流民の大噴出は中国の歴史社会学的な歴史法則として、また生態学的現象として日常化しているのである。だから、中国人が現れたところの森林資源が枯渇し、砂漠化現象が進行していく。

記録によれば、はるか二〇〇年も前にナポレオンがヘレナ島に流されたとき、その大西洋上の無人の孤島にさえ、中国からの農民が現れたのだ。大航海時代以来アフリカから約六〇〇〇万人にのぼる奴隷が売られた。いわゆる「ピッグ・トレード」で黄色い奴隷と称される中国人奴隷はその約一〇分の一にのぼる七〇〇万人が売られていた。それは、中国大陸の資源枯渇と人口過剰が原因だと見なすべきだ。

日本の水資源が中国資本に買い占められはじめるという話題が急浮上したのは、つい最近のことである。

近代になって、日本も中国も「資源貧国」として知られ、語られるようになっている。だが、近代以前には、日中ともに「鎖国」ができたのであるから、自給自足可能な国であった。

日本は緑と水の資源に恵まれ、水と空気はただという考える人は多い。中国では水資源が乏しい国で、水源をめぐる争いはすでにはるか三〇〇〇年近くも前の春秋時代の呉越の争いの故事にも見られている。

首都北京の例にしても、そもそも北京はモンゴル人の元の時代に水運の中心に建てられた都であった。だが、時代とともに水資源の枯渇に直面し、一九世紀に入ってから水は山東水幇（水売りギルド）によって支配され、近代水道が建設されても山東水幇の打ち毀し運動に会い、政治変化のたびに、北京市民の盗水が跋扈、今日に至って、市民の盗水をいかに監視、摘発するかは、ここ一〇〇年来の懸案の課題として強くのしかかっている。

石油エネルギー資源の枯渇は基本的には水資源の枯渇と連動している。通常の産業用水は、たいてい石油一対水二〇の比例で使用されているのだ。中国の水資質の枯渇と水汚染の深刻化は、黄河の断流と長江（揚子江）の排水溝化が象徴的だ。二一世紀の中国大地の干上がりには、いわゆる「南水北調」（長江の水を黄河に流す疎水大プロジェクト）は問題山積だから、最後にたよるのは、チベット高原の地下水しかない。

こういう水資源枯渇の危機の中で、中国が狙うのは、シベリアのバイカル湖から、カナダの水資源の他に、日本の森林と水資源もその視野に入ってきている。

資源飢饉の長い歴史経験から、DNAに記憶されている中国人の資源への感覚と貪欲ははるか日本人の想像の域を越えているといえる。だが、日本はインドとともに中国にとって二一世紀の東西の二大仮想敵国であり、ともに「資源貧国」である。その日本にまで手をのばしはじめたわけだから、それは地球資源買いあさりの最後のあがきと見てよかろう。

中華思想を捨てられない中国人

中華思想や中華主義という言葉は、戦前日本からよく使われてきているが、日本以外の国ではきわめて稀だ。中国語には「中華思想」というのはない。というよりも日本語と同じ意味の中華思想はない。

たいていの中国人学者は、今ではもうなくなっているといっているが、それは嘘だ。逆に強くなる一方だ。約百余年前の日清戦争から約三年後に、明治維新をモデルに、やる気まんまんの青年皇帝 光緒帝が断行した戊戌維新はよく知られる一九世紀末の中国の政治改革だった。当時改革維新派の康有為、梁啓超らリーダーたちは首相下野後の伊藤博文を政治顧問として迎え入れようと維新成功の要訣を徴した。

伊藤は「まず外国人を夷狄と呼ばない」ことだと助言した。つまり中華思想を捨てよとアドバイスしたのだ。周辺諸民族を夷狄（野蛮人）と見下すかわりに自分こそ「中華」とうぬぼれる、いわゆる「華夷思想」とは代表的な中華思想の一つだ。西洋人はずっと中国人からそうバカにされるのがいやになって、アヘン戦争後に結ばれた南京条約にわざわざイギリス人を「英夷」と呼ばないとまで「第十三条」明記させても、ほとんど条約を守らないので、アロー戦争後に結ばれた天津条約に、再び絶対外国人を一切夷狄と呼ばないことを明記させた。

だから、伊藤博文が康有為、梁啓超らに外国人を夷狄と呼ばないことをアドバイスしたのは、そういう歴史的背景があったからだ。維新派のリーダーたちは「それは年配者たちの因習で、われわれの代の青年たちは、もうそうしなくなっている」と弁解したものの、それは数千年来の歴史伝統で、理由も根拠もないうぬぼれは、今でも旧態依然というよりもますます強くなる一方だ。

そもそも「中国」「中国人」と自称するのが中華思想の表れだ。

かつてアメリカ合衆国の下院は三九六対〇票で全員賛成、上院九七対一で一票だけの反対で、台湾の李登輝総統の母校訪問を決定した訪米があった。怒った中国の江沢民主席がアメリカ上下両院に対して、李登輝総統訪米の議会決議は「誤った決議」であり、アメリカ上下両院に反省を求めたことがある。これがまさしく「中華思想」そのものだ。

日本に独善的な「正しい歴史認識」をおしつけることも、反日デモで「雑種」や「小日本」呼ばわりすることも、「大中華」からの蔑称として露骨な中華思想丸出しである。

では、中華思想とは、いったいどういうものであるか。すでに戦前の東洋学者や支那学者によって、よくとりあげられ、語られている「中華思想」とは必ずしも同一なものではない。もちろんそれは中国史上に見られる儒家や道家などの三教九流の思想でもなければ、中国思想の総体でもない。

どちらかというと、中華思想は中華文化・文明から生まれた諸家諸流の主義主張・思想・信仰というよりも、それは中国的あるいは中国中心的な物の見方と考え方であり、優越意識をもつ中国的価値観、人生観、国家観、世界観ともいえる。

中華思想そのものは、決して中国的性格や国民性ではないが、中華思想のコアは、その性格の反映ともみられる。

中華思想とは、きわめて自己中心的、その延長として一家一族中心的で、自国中心的でもある。それがゆえに、人間関係、国家外交でさえ、きわめてご都合主義的で、ころころと変わっていく。自己中心的がゆえに、オレだけが例外、中国だけが例外となる。

かつて江沢民は日本を永遠に「謝罪と反省」を行事にさせるために独善的な「正しい歴史認識」を日本におしつけ、「歴史を鑑」(前事不忘・後事之師)として日本の「過去」を攻めつづけてきた。日本人の「水に流す」思想は絶対に許せなかった。だが、ベトナム訪問にさいし、過去のベトナムに対する懲罰戦争の「ケジメ」を求められたところ、江沢民は「過去のことを水に流そう、未来のことが大事だから、前向きに未来を大いに語り合おうではないか」と言う。日本とはまったくちがうダブルスタンダードだ。それこそ中華思想そのものである。

極端な場合は、地球がオレの周りをまわっていると考えるのだ。自己中心的意識から生まれた唯我独尊的意識からは、必然的に優越意識が生まれ、この優越意識から生まれた種族意識がいわゆる「華夷意識」である。中原、中国という文明開化の地の周辺を、南蛮、北狄、東夷、西戎などの四夷八蛮が囲っている。という意識からうまれたのが文化優越主義である。

中華文化はすばらしい、もっとも優れていると思い込んでいるのだから、唯我独尊になり、すべて周辺の夷狄を同化するのが人類の理想、中国人の歴史的使命だと学校でそう教えているのだ。

それがいわゆる華化・王化・徳化である。チベット人やウイグル人を同化することこそ、中国人の使命、そして中華からの恩恵と考えているのである。中国文化の同化を拒否する非漢族は恩知らずと見なされるのに対し、ダライ・ラマからすれば「それは文化虐待だ」ということになる。

中国人のユートピアは大同の世界である。つまり人類みな兄弟、四海一家、だから、すべてを統一して一つにする一元的な社会が中国人のユートピアだ。そこから生まれたのが天下大一統主義。そして中華的グローバリズムである。

だが、近代西洋思想は多元的な価値が許され、多元的価値観を認め合う。その中から生まれたのが近代民主主義と民主政治である。

だから近代西洋は中国人のような大同思想、大同世界を理想とせず、大異の思想、大異世界を肯定する。絶対的文化優越主義よりも相対的文化主義なのである。

中国人と非中国人との対立は、このように中華思想の妄執が底辺にある。自己中の中国人は日本人社会ではむしろ嫌われ、思いやりがなければ、なかなかうまくいかない。これに対し、中国社会では、自己中でなければ、生きていけない。このように日中の風土がまったくちがうのだ。

中国の脅威とはいったい何か

いわゆる「脅威」というものは主観的に感じるもので、いくら相手が否定していても、「脅威」をあたえる以上、相手にとってそれはやはり「脅威」にちがいない。もちろん「被害妄想」は論外だ。

さまざまな中国脅威論は、九〇年代の冷戦終結後、ソ連、東欧の崩壊後から急浮上した。もちろん経済力の急上昇と経済規模の急拡大もさることながら、中国に「侵略」する国はいないはずなのに急増する軍事力はむしろ経済力以上の脅威だ。いくら中国はそれをただの軍の近代化や防衛とかアメリカの「独覇」反対といった大義名分があるにしてもだ。

従来、中国の脅威については、経済力と経済規模の巨大化について語られるのが多い。たとえば、経済競争の優位や優勢、企業の買収、地球資源の買いあさり、尖閣問題をめぐるレアアースの禁輸などもその一つである。だが、今の中国はすでに改革開放の時代で、自力更生ができなくなっている。中国はすでに世界最大の通商国家となり、外需にたよる国家となっている。中国経済と世界各国との相互依存性が強いので、短期的な常軌を逸する行動については、一時的には「恫喝」を手段として行使したとしても、やがて自国に跳ね返ってくるので、共倒れになってしまう自殺行為となろう。

経済以上に実質的脅威としては軍事力の巨大化である。中国の軍は、国家とは別の存在で、党からも特別な存在である。軍の独走が脅威だけでなく、中国の国家指導者から軍の幹部に至るまで人命を数字としか考えないことは、なおさら脅威だ。

もちろん中国の脅威はきわめて複合的で、世界疫病史から見ても、ペスト、コレラ、天然痘をはじめ、たいていのインフルエンザ系の伝染病はおおよそ中国発で、日本疫病史から見た疫病の大流行もほとんどが中国発だった。近年に世界を騒がせた有毒食品や有害製品も中国の脅威の一つに数えられる。そして海洋や大気をはじめとする環境汚染もだ。

さらに、中国がうまくいかなくなることも大きな脅威となりうる。たとえば、八九年の六・四天安門事件後、中国は自国民虐殺で欧米の経済制裁にあい、そこで鄧小平は恫喝に出た。「もしそれによって中国経済でも崩壊したら億単位の人が流出し、迷惑をうけるのは周辺諸国ではないか、それでもよいのか」。

もし中国の経済が崩壊でもしたら、その規模はもちろん、ドバイやアイスランドやギリシャの数百倍どころではない。

中国がうまくいったら、「もう中国はすでに強くなったから、これから二一世紀の世界は中国人が決める」という中華思想が脅威となろう。

中国の繁栄も中国の崩壊も世界の脅威となることは、もしそれが中国の宿命となれば、それこそ中国人としての悲劇ではないだろうか。

「統一」のための「反日」論

「統一」も「反日」も中国の国家存立にとって、欠かせない「キーワード」だ。「統一」とは「仁義」など「五倫」や「八徳」という徳目よりも、中国人にとっては最高の価値として、政治的な意味での「中国は一つ」だけではない。異議・異論を絶対許さない「言論」は一つでなければならない。この言論の統一は中国では「一言堂《イッエンタン》」といわれる。中国語の語彙（ボキャブラリー）は案外と少なく、決まり文句が多いのは、いつでもなんでもかんでも「統一」をめざしているからだ。

この「統一」を支えるもう一つのキーワードが「反日」である。中国は「言論統制」の国であっても、「反日」の言論だけは自由である。日本のメディアでは「反日」という言葉は一般的には使われているが、台湾ではもっと正確に「仇日」（日本を怨む）がマスメディアでも常用されている。戦前の中国や、過去の関係文書にも、この「仇日」が多く見られる。

ではなぜ「統一」には欠かせない必需条件の一つがなぜ「反日」なのかについては、あまりとりあげられていない。

中国という国は、文化、宗教、言語、因習、さらに利害関係に至るまで、きわめて多元的な社会である。この多元的な社会をむりやりに「統一」（つまり一元化）するのは、きわめてむずかしい。だから「統一」にするのには「仮想外敵」の創出も必要不可欠のものの一つだ。たとえば中国は過去においては、「米帝」（アメリカ帝国主義は人類史上最大の敵）「ソ修」（ソ連修正主義）だけでなく、ベトナムまで、「小覇権主義」として敵にされたこともあった。もちろん日本も「米帝の走狗」にされたことがあった。

だが、「小覇権主義」やら「走狗」だけでは、中国に大きな脅威感をあたえるはずもない。かといって「米帝」や「ソ修」を仮想敵国にすれば、中国にとっては、きわめて不利不益だ。だから最好の仮想敵国として日本が選ばれたのだ。

ではなぜ日本が米・ソ（露）以上に最好の仮想敵国として選ばれたのかというと、中国が「反日」、たとえば「歴史」や「靖国」問題をしかければ、日本はすぐ条件反射的に「反省と謝罪」を公言するので、中国政府が「民衆」に対する「教化」だけでなく、「みせしめ」としても効く、効果抜群なのである。その上、中国政府の言説も実証してくれるので、「反米反ソ」の損に比べ、得だらけだといえる。だから人民共和国の成立後、日本は「米帝」の「走狗」から徐々に中国の三大敵（アメリカ帝国主義、日本軍国主義、台湾分裂主義）となり、今でも西のインドと東の日本が中国二一世紀の「必要不可欠」な敵国になっているのだ。

日中戦争をテーマにする過大解釈はその一例だ。

「八年抗戦」は今でも「反日」運動に欠かせないお題目である。毎年の八月一五日前後に中国のマスメディアはもちろん、華字系メディアまで大々的に「抗日」あるいは「抗戦勝利」の五〇年やら六〇年を記念して反日言論活動を大々的に展開してきた。

まだ日中戦争は終っていない。まだ復仇は終っていない。日中国交や交流は「反人民」「人民に裏切り行為」だとまで過激な言説も少なくない。日中戦争はつづくという言説は、一部の「反日プロ」の言説だけでなく、正当性がますます弱くなっている「人民専制」の革命政権の後継者たちにとっては、日中戦争継続中の言説は願ってもない「人民専制」政権正当化のテコにもなるのだ。

「八年抗日」だけでは中国にとっては、歴史的時間としてはとてもものたりない。だから「抗日戦争」の風化とともに、日中戦争を「侵略戦争」として規定し、「八年抗戦」ではなく、日本の反日歴史学者の主張をまねて「一五年戦争」と唱え、さらに日本の中国侵略開始は日清戦争（甲午戦争か日中戦争とも称される）から、ことに九〇年代に入ってからは、一八七四年の台湾出兵（牡丹社《ぼたんしゃ》事件）、琉球処分からという言説が流布され、日中八〇年戦争、四捨五入して百年戦争、さらには四百余年前の豊臣秀吉の朝鮮出兵が中国侵略開始とまでさかのぼっていく。

もちろん満州事変も、日清戦争も「八年抗日」の戦争との連続性はまったくない。「八年抗戦」といわれる日中戦争にしても、実質的には、盧溝橋《ろこうきょう》事件から武漢陥落まで本格的戦争は一年余しかなかったし、本格的戦争といっても広大な中国では戦場はきわめて限定的だった。「八年抗戦」

真実は、南京の汪精衛政府と重慶の蒋介石政府、延安の毛沢東政府を主役とする三政府の三つ巴の内戦だったのである。

もう少し長い歴史的スパンから見れば、一八世紀末の白蓮教の乱から、いわゆる「教匪」の乱、「会匪」の乱をはじめ、民国の時代に入っては南北軍閥の内戦、国民党内戦、国共内戦、人民共和国の代に入っても「清算闘争」という階級闘争が「一〇年の動乱」といわれる文革に至るまで、内戦がえんえんと一八〇年もつづいてきたのである。もちろん中日戦争もその内戦延長の一こまにすぎない。

内憂外患を抱える中国

国家としても民族としても、中国はさまざまな矛盾をかかえている。多文明、多文化、多言語、多宗教、しかも利害関係が異なる多元的な社会を一つにするだけでも、至難のわざだ。絶対多数の漢民族と五五の非漢民族を共通目標や共同歩調を合わせていくだけでもさまざまな難題と課題を持っている。

古代伝来の王化・徳化・華化、つまり同化するのかあるいは多民族国家として、ダライ・ラマ一四世がいう「文化的虐殺」をどう避けていけばいいかということだけでも、中国共産党の指導集団でさえ意見が一致していない。

現実的には、これからの中国はハンチントンが予言した「中華文明＋イスラム文明対キリスト教文明」の衝突ではなく、中国内部では、儒教文明対仏教文明、儒教文明対イスラム文明が激突、チベットやウイグル問題として、現れたのだ。

宗教、民族、言語の激突はむしろ地球規模の縮図として、中華世界から東亜世界に集約している。それが今の中国である。

ハンチントンは世界について精通していても、あまり中国を知らない。物理学でたとえれば、マクロ物理学によく精通していても、ミクロの物理学の世界に対してはあまり知らない学者のようなものだ。

中国の内部問題は別として、中国人とはきわめて宗教心の薄い民族である。いわゆる無宗教に近い世俗化した民族だ。少なくとも十数億人がそういう目に「物」しかない「向銭看」(ゼニゲバ)の人間集団が存在している。

アーノルド・トインビーの文明論でいけば、文明のコアは宗教である。儒教については教祖の孔子でさえ「怪力乱神を語らず」「鬼神を敬して遠ざかる」「生さえ知らん、いわんや死を」というほとんど鬼神も信じない、おそれもしない民族だから、「我」や「我執」しかない「無文明」に近い。目的のためなら何でもやれる人種だから、世界は中国を中心に、無宗教、無文明対諸文明の衝突はすでにはじまっている。

近年よくみられるのは、中国は膨張しつづけてきたきわめて世俗的な経済力と軍事力で覇を唱えようとしている。だから「これからの世界は中国が決める」と言い出したのだ。

陸の領土をめぐって、周辺諸国との紛争が一段落してから今度は南シナ海、東シナ海をめぐって自己主張ばかりが躍り出ている。

地球規模的な資源や環境などの諸問題に中国は共存、共栄、共有という考えはまったくなく、中華思想そのものだ。中国とは厄介な隣人だけではない。ますます人類の禍根として顕在化しているのだ。

では二〇世紀に入ってから中華帝国の崩壊から民国、共和国と国家の再生、転生の蹉跌と挫折から改革開放の狂奔がもたらした人類生存の危機について、以下各分野にわたって要約したい。

政治―「人民専制」に固執し、三権分立も多党制もしないと公言する「中国的特色をもつ社会主義制度」とは実質的には新しい奴隷制度だ。ことに人権と人格尊厳の蹂躙《じゅうりん》ははなはだしい。

経済―経済成長からもたらした貧富の格差はますます拡大をつづける一方、環境問題が悪化、国内だけでなく、地球全域の問題として、禍根をのこしている。ことに三農問題（農業、農民、農村問題）はすでに生態学的問題として解決不可能とされている。

社会―日本以上に進行する少子高齢化はこれからの問題にしても、それ以上に社会対立が激化、少年犯罪の凶悪化が増えている。黒道（チャイナ・マフィア）が軍と党と公安と手を結び一蓮托生化が進み、すでに第二の地方政府となっている。

文化―「欲望最高、道徳最低」といわれる中国は学者の説というものだけではなく、鄧小平、朱鎔基までも文化の退廃と道徳の崩壊はすでに一代や二代だけで解決できる問題ではないと公言している。ことに社会の激変についていけない精神的疾患を抱える者はすでに億を超え、二〇二〇年には三億か四億にのぼるとも警告されている。

軍事――中国軍事力の急膨張は海洋にかぎらず、宇宙戦争まで計画推進し、ことに核と中性子爆弾による恫喝は世界に脅威をあたえる。国家を超越する中国の軍の存在だけでも世界にとっては大きな脅威だ。

人民共和国の社会主義革命政権が成立してからすでに六〇年（一甲子）以上経ち、次期皇帝（立太子）の欽定制度がほぼ確立したにしても民意を問うシステムが確立されないかぎり、次期皇帝としての正当性と正統性はやはり弱い。かりに「権貴たち」の守護神になれるにしても、祖訓の「平等」に固執する毛沢東主義者の擁護は得られない。

人口・資源・環境など政治や国家を超える問題について、従来の中国の自国中心主義だけではやっていけない。もし大国としての国際責任や貢献を果たしたい場合は、従来の「愛国主義、民族主義、中華振興」の国是国策を修正せざるを得ない。習近平にはそれは不可能だ。

中国の経済成長率はすでに二〇〇七年をピークに以後下向線を辿り、軍事費の二一年間二ケタ増も二〇一〇年に終わりを告げ、公安予算が軍事予算を上まわる時代に入っている。これからの中国はかりに日本のように「喪われた二〇年」を回避できても、国家指導者の交替だけで、経済発展のひずみである貧富の格差、汚職、日本以上に深刻な少子高齢化などなど江沢民、胡錦濤以来ますます昂進する難題を解決することはできない。もちろん、それは習近平にかぎらず、誰であろうとその神通力をもっていない。

軍の自己主張がますます強くなる中国で、習近平は革命世代のように実質的に党・政・軍を牛耳ることは不可能に近い。

太子党レーサーとしての習近平は、団派にも上海帮にも軍にも超派閥的に阿諛迎合《あゆげいごう》し、後継レースでは独走してきた八方美人だという定評がある。だが、各派の権益分配競争の難局に直面することになれば、そこが「八方美人型」ボスの正念場となろう。

もちろん分配競争に突入すると、政局がますます不安定になり、下から毛沢東主義者の逆襲もありうる。八方塞がりの難局に立たされる可能性が高くなろう。

では、次期皇帝習近平の時代になると、日中関係はいったいどうなるのだろうか。胡耀邦の時代と江沢民の時代という国家指導者によってかなりちがう日中関係の前例もある。だが、中国ではなかなか、国家指導者一人だけの意向や感情でこの国を意のままに動かせる時代ではなくなっている。毛沢東の時代とはちがうからだ。

以上とりあげられたさまざまな難題、難局をきりぬける唯一の逃げ道は、反日をテコに民力を結集し、外敵日本を挑発するという常套手段に出るしかなかろう。

中国が「日本は中国の核心的利益だ」と主張するとき

二〇一〇年秋の中国の反日デモで横断幕に「収回琉球、解放沖縄」を掲げて行進する（二〇一〇年一〇月一六日四川省成都市）映像や写真を見て、「沖縄まで中国は返還を要求してきたのか」と感嘆した人も少なくなかろう。

「台湾の次は沖縄」

「沖縄の次は日本だ」

と中国の次の手を予言する人もいた。

「いや、その前に朝鮮ではないのか。かつての中国の属国だった歴史も長かった」と考える、いや予想する人もいる。

中国はたいてい「欲しいものは自分のもの」だと主張する。それは風習であり、民族性でもある。「まさか沖縄まで固有領土だの」「回収だの」と言い出したのは、予想外だった。この沖縄の「まさか」も、ある日「日本」について「まさか」となるのではないだろうか。世界の「常識」はたいてい中国の「非常識」になるので、やはり価値基準がちがう。だから中国の文化人は「中国はもう強くなったから、これからの世界は中国が決める」「これからの世界は英語ではなく、中国語を使え」「孔子学院で教えるから」「天下王土に非らざるものなし」と古典に書いてあるのではないのか、「中国が強くなったから」「通々収回来」、中国が固有領土と考えるところはすべて「回収」するのだ。朱成虎将軍が世界核戦争なら中国が絶対勝つと唱えるように、勝ったら「世界はすべて中国のもの」という考えは中国ではむしろ「常識」だ。

ネット時代に入ってから中国の主張はたいていネットからそして学者から、その反応を見てから政府の主張が後でついてくる。もちろん「尖閣、沖縄」の主張はそうだった。

「日本」についての「倭族自治区」や「東海省」などの主張もそうだろう。満州、モンゴル、チベット、ウイグル新疆、「外中国」といわれる版図は中国がどう主張し、どう手に入れたのか、それぞれの歴史があり、台湾をはじめ、朝鮮やベトナムについても中国もそれなりの伝統的な版図観があり、もちろん中華思想もある。

中国の世界は文明社会とはちがって、人間の上下を決めるのは、その力の強弱によるものだ。それを正当化する大義名分はその後で、中国型の論理がついてくるものだ。たとえば暴力によって王朝を倒した後は、「王道」を語る「易姓革命」の論理で大義名分を披露する。曰く、天命をうけた有徳者が天子となり、天に代わって万民を統率する云々。改革開放後の中国も、粛清されたいわゆる「悪紳土豪」の大地主の土地をとりあげ、国家のものとした後、今では共産党の「権貴」（特権貴族）が土地ころがしをして、国富を「私富」にしているのを「人民専制」だと正当化するなど中国的論理でおしつけていく時代である。それがいわゆる中国的特色をもつ中国的論理である。もちろん中国的特色をもつ中国の社会主義も中国という風土から生まれたものだ。

日本はチベットやウイグルに比べ、さらに台湾に比べても、それ以上に「絶対不可分な神聖なる固有領土」「核心利益」だと主張する充分な理由がある。もちろんそれはあくまでも中国的論理だ。ある日、急に「中国の固有領土だ」と言い出し、そして「絶対武力を放棄しない」、つづいて「もしあいかわらず統一を拒否しつづけたら」中国にとっては絶対許せない「核心利益」だとくるのであろう。

ではいったい中国が日本に対して、チベットや台湾など以上に「核心利益」を主張する充分な理由があるのか。

中国の主張によれば、「朝鮮人は中国人の子孫、箕子のつくった国、越南人も中国人の子孫、趙佗のつくった国」と同様に「日本人は中国人の呉伯、徐福の子孫、中国人の弥生人が先進的技術をもって日本にやってきて、日本列島で日本をつくった」。だから中国のものだ。

遣隋使の時代に聖徳太子は日出る国の天子として、隋の煬帝に「対等な外交」の国書を送って、そう熱望したものの、漢の時代からすでに「漢委奴国」、魏の時代には、「親魏倭王」、そして「倭の五王」の時代にもずっと中国に朝貢、冊封されていた。中国とは「二〇〇〇年」の長い歴史関係があった。チベットや台湾とはまったくちがう。

漢字文明圏から言えば、中日は同文同種同祖の国、チベットやウイグルのような異教徒とはちがう。日中の文化はちかい。日本人の中にも中国人と統一したい文化人やら経済人は多々いる。

日本は古代から中国から文化と文明の恩恵をうけている。中国が教えた文化がなければ、日本という国はない。だから日本はもっと中国の主張に耳を傾けるべきだ。

日本が琉球処分したさい、琉球人の民意を問わなかった。アメリカが施政権返還のさいもそうだった。もし沖縄に住民投票したら、絶対中国を選ぶ。日本は「中国の固有領土」かどうか中国一三億人に問わなければならない。なぜなら「日本は中国の絶対不可分の領土だから」「もし日本が中国との統一を拒否しつづけたら、中国も『平和的手段』を放棄せざるをえない」と恫喝するにちがいない。

一見ありえない主張であっても、それはあくまでも日本人や世界の常識であって、中国の「常識」ではない。中国の価値基準とは、どっちのほうが強いかである。強いほうが上下の関係を決めるのである。日本から見れば、中国の自己主張は、「理不尽」「問答無用」とわかっても、それはほんとうに中国を知るものではない。

中国は中国なりの理論がある。それはどっちが強いか、中国だけが例外ということを理解してあげないと、ほんとうに中国を知るとはいえない

中国人の夢と人類の夢はちがう

習・李新体制がスタートした後の二〇一三年四月末、私は中国民主化活動家が主催する国際会議に呼ばれ、開会の挨拶をした。その主旨を要約すると、以下の三点である。

一、民主主義については、人類史を見ると二つの発展史がある。近代西洋型と古代ローマ共和制からローマ帝国に至るタイプである。中国史を見るかぎり、ローマ帝国タイプの歴史社会であ

る。民主制度というのは小国主義の政体で、中国が存在するかぎり民主化は不可能である。

二、中国人の夢は人類の夢とはちがう。そこからも中国の未来がわかる。

三、アジアの国々は日本、韓国、北朝鮮以外はすべて多民族国家である。近代国民国家発祥の地であるヨーロッパでさえその例外ではない。現在国連の加盟国は一九三カ国しかないが、民族の数はその数十倍もある。だが、多民族国家において政府はあらゆる人的、物的資源を牛耳っても、民族問題を解決することはできない。二〇世紀の後半から、民族問題をどうすればよいか注目を集めており、我々はこの問題についてもっと考え、なんとかすべきだ。ことに中国人の民主主義は民族主義を超えることは絶対にできない。

第三者である私のこれらの指摘に対して、民主活動家のリーダーたちには異議や不満が多々あるらしかった。彼ら曰く、「あなたの言う中国人の夢とは、あくまでも胡錦濤や習近平ら中国共産党の夢に過ぎない。中国人の夢と民主化運動に献身する我々志士たちとはまったく違う」。

中国人の夢、ことに「富国強兵」については、古来より近現代に至るまで、共産党も国民党も同じく抱いていたし、さらには伝統文化、社会のしくみにも大した変わりはないというのが、幼い頃から私が習熟した中国人についての基本知識である。

一三億以上の人間にはそれぞれの個人としての夢もある。出世したい、万元戸、億元戸になりたい、共産党員であれば党幹部になりたいと考える。一九世紀末から、一部の知識人が民主、自由、人権という近代的価値に魅かれ、憧れ、民国や共和国の国づくりに夢を抱いた。百余年来そのために涙や血を流しもし、同情や支援もされてきたが、結局すべてがはかない夢に終わったのには、それなりに理由が多々ある。

よく見逃されるのは、中国は古代から奴隷社会であるということだ。古代奴隷社会についての古代史論にはここでは触れないが、人民共和国国歌が冒頭で「奴隷になりたくない人民よ、立ち上がれ！」と勇ましく呼びかけ、立ち上がっても、社会主義制度とは実質的には新しい奴隷制度である。もちろん奴隷には奴隷なりの自由があり、奴隷なりの平和もある。

国家の時間（スパン）と空間（スケール）から見れば、中国の歴史は長く、国土が広く、そして大きい。人が多ければそれだけ口も多く、そしてそれぞれの夢も違う。それが常識であり、自然の摂理、社会の法則でもある。

悠久の歴史から見ずとも、ここ百余年来の近現代中国人の国家観だけを見ても、「中国は一つ」と「中国は多ければ多いほどよい」という二つの国家像を理想として抱いている。

毛沢東を例に取れば、青年時代と革命時代とではその国家像は異なる。「世界革命、人類解放」を目指し、「一つの中国」を乗り越えようとした時代の毛沢東はきわめてコスモポリタン的で、世界主義的だった毛沢東は、「中国の赤い太陽であるのみならず世界人民の赤い太陽だ」と文革中に百万人大集会の紅衛兵が絶叫し、「東方紅」と命名した初の人工衛星を宇宙空間にまで飛ばしていた。

「偉大なる中華民族の復興」や「海の強国」という夢は一九世紀中葉頃の洋務運動時代からの夢

である。一三億の奴隷が主人とまったく異なる夢を持つと誰も実証し断言することはできない。確かに奴隷には自由意志はないが、だからといって、「中華民族の偉大なる復興」は中国全民の夢ではないと断言できない。一三億の奴隷にも奴隷なりの「中華思想」がある。有史以来、中国人は自己中心的な「中華思想」の呪縛から逃れることができない。少なくとも「中国は一つ」という原則を堅持する以上、個人には個人の夢があるとしてもこの「一つの中国の夢」がないとは誰にも言えない。ではその夢とは何か。その最大公約数としての「国の夢」とは何か。

八千余万人の中国共産党員には党員の夢があり、約五〇〇〇万人の黒道（チャイナ・マフィア）にはチャイナ・マフィアの夢があり、三〇〇〇万人の売春婦にも彼女たちの夢、文化人も法輪功も非漢族も民主活動家もそれぞれの夢をもつことはたしかである。

古代中国から今日に至るまで、中華思想としてつねに「世界の中心」となる夢、文化伝統と天命観から「天下大一統」を実現し至福の千年を迎えるという夢がある。また、天民、生民としての天下大平、平等という「人民の夢」、「大同社会」などは実現されず、悲しい夢に終わっていた。「中華民族の偉大なる復興」というパックス・シニカの夢を達成するには大きな課題がある。まず中華民族という民族には共有するアイデンティティがなく、大漢民族主義も非漢族主義（地方民族主義）も反目、対峙し続けている。中華民族とはただの幻の民族に過ぎず、中華世界には文化、文明的な共生、共存のしくみがない。中華の夢は原理的にも、現実的にも両立が不可能で、中国にとっても人類にとっても悲しい夢に終わってしまうのが宿命であろう。

第五章

二一世紀の日本の安全保障を考える

習近平は「ラスト・エンペラー」になるのか

中華人民共和国は、国共内戦に勝ち抜き、一九四九年一〇月一日に政権を樹立した。建国してから、すでに六十余年になっている。毛沢東時代と鄧小平以後の国体・政体とは誰から見ても、まったく異なっている。毛沢東の時代は社会主義体制といわれ、鄧小平以後の中国は権貴資本主義体制とさえいわれ、同じく「中華人民共和国」と名乗っても、時間軸から見れば、「並時的」ではなく、「通時的」な「一国両制度」ともいえる。歴史的区分では前人民共和国と後人民共和国と後世は称するにちがいない。

もちろん政体が異なるだけでなく、社会のしくみも、まったくちがう。前共和国時代が「自力更生」の体制づくりなのに対し、改革開放後の社会原理はむしろ他力本願といえる。

中国共産党がコミンテルンの指導下で一九二一年に創立、ずっと文革終結後に至るまで、党大会のたびに指導部の誰かが粛清され、約五年毎に指導者か次の後継者が失脚する。この左右路線の変化は、「中国のフリコ」とも称され、文革後から八九年の六・四天安門事件に至るまでつづいていた。

一九七三年に林彪失脚後に開かれた中国共産党の「十全大会」は周恩来の政治報告で、「半世紀このかた、我が党は一〇回にわたる重大な路線闘争を経てきた」「これから先も一〇回、二〇回、三〇回と起こるであろう」と予想し、「これは人々の意思によって左右されるものではない」と語っている。

だが、六・四天安門事件以後の九〇年代に入ってから革命三代目の江沢民の時代も、四代目の胡錦濤時代も、毛・鄧の時代とはちがって、「中国のフリコ」の原理は変わっていたようだ。これからの五代目の指導者、習近平ははたしてこれからの一〇年が順風満帆可能か、それともよく予想されるように「ラスト・エンペラー」になるのか?

さまざまな習近平時代の分析・予想があっても、言えるのは「あたるも八卦、あたらぬも八卦」であろう。

どう読むか以下のいくつかの「人々の意思によって左右されるものではない」時代の条件と限界がある。

① たしかに「中国のフリコ」は九〇年代に入ってから、左右に激しく振らなくなった。だが毛沢東と鄧小平らの革命世代に比べ、代が代わるたびに人物が小粒になっていく。

② 毛・鄧の時代は「革命」の主役として革命政権の指導者としての正当性と正統性がある。いつまで経っても民意を問うシステムさえ確立できない以上、いくら党・政・軍の三権を牛耳っても、ますます安定性を得るのにはむずかしくなる。

③ 毛の時代に「君がやれば、私が安心だ」という紙切れ一枚で、華国鋒が後継者となった。鄧の時代には、次代と次々代の後継者まで指名した。だが、三代目の江と四代目の胡は、次代の後継者指名の力を欠く。胡は一〇年の間、じっさい何もできなかった。時代も変わったたし、権力

構造も変わったからだろうか。

④　習・李体制の時代は権力中枢の党中央政治局常務委員、すべてが、習・李より年が上の長老である。改革開放後から六・四天安門事件に至るまで、「八老（八人の長老）治国」ともいわれた時代があり、華国鋒が消えていく先例もあった。決して胡耀邦や趙紫陽だけではなかった。

習はスタート早々、革命政権を支えてきた「両棹子」（二つのテコ）といわれる軍に対しては軍規粛正、筆（マスメディア）にも宗教にも弾圧強化せざるを得ないという苦境から見て、決して順風満帆ではない。国内外の苦境をどう乗り越えていくのか、党・政・軍を牛耳るだけでは、「人々の力や意志」だけでは、乗り越えられないカベがある。改革開放後のひずみ、たとえば格差の問題、成長と環境の問題などもそうである。どう、乗り越えていくのか。

中国も読めなかった日本国民感情の変化

七〇年代の初頭、中国が公式に尖閣主権を主張しはじめたら、井上清、羽仁五郎、荒畑寒村、小田切秀雄などをはじめとする、日本の代表的文化人は競って抗議団体を組織し、「尖閣は日本軍国主義が中国から強奪したものだ。即刻返還せよ」と中国の主張に呼応して、非難譴責した。今現在の中国の尖閣についての主張は、ほとんどが井上清の訳書のオウム返しだけだ。文革礼賛の時代だけでなく、すくなくとも民主党政権以前までは、「歴史」や「靖国」問題をめぐって、中国政府からなんらかの、ゆすりたかりの発言があるたびに、反日日本人はかならず先頭に立って中国の意向に呼応した。もちろん文化人だけでなく、当時野党の民主党などの政治家、学界、経財界、マスメディアに至るまでそうだった。

だが、巡視船に体当たりした漁船船長逮捕事件をめぐる紛争の中で、温家宝首相は「中国人船長を即時釈放しなければ、中国政府は更なる措置を取る」と発言し、釈放した後でさえ、「謝罪と賠償」要求という一連の自己主張と粗暴な行動に出た。これに対し、中国に呼応して公式の場に出た勇気ある反日日本人はついに現れなかった。

せいぜい仙谷官房長官が「日本の文化は中国から受けた恩恵がある」「かつて日本が中国を侵略した過去がある」という理由で中国の高圧的姿勢に理解を示したぐらいだろう。

民主党政府内部でさえ政府の対中姿勢に異論異見が続出。たとえば、民主党の枝野幸男幹事長代理は二〇一〇年一〇月二日、中国との戦略的互恵関係はあり得ないと発言した。

七〇年初以来、日本の国民感情はすっかり変わってしまったのだ。中国の主張に呼応する反日日本人の出る幕がなくなっただけでなく、中国の粗暴な行動に抗議する日本国民もついに街頭デモに出た。たとえば日本のテレビや新聞などのメディアではほとんど報じられなかったが、日本各地で反中国デモが頻発、一〇月二日から一六日にかけて、東京でも尖閣への中国の対応に非難する三〇〇〇人以上のデモは三度もあった。

尖閣をめぐる日中の衝突は民主党政権だけでなく、中国政府にとっても誤算であった。七〇年代初頭だけでなく、八〇年代後半からの「歴史」も「靖国」も多くの反日日本人とマスメディアの呼応があった。だから近年の「尖閣」だけは反日日本人が呼応しなかったことは、大きな誤算であったろう。それ以上に日本国内で世論が沸騰したのも計算外だった。

胡錦濤政権以来、ずっと掲げてきた「和平崛起」は今度の一連の執拗な自己主義と粗暴な言動によって、国際的にはほとんどが信頼性を失ってしまった。それだけではなく、社会主義革命政権に近い民主党政権の反米親中姿勢、弱腰屈服外交に、ようやく多くの日本人が危機感を抱きはじめた。民主党政権が実質的に中国の「戦略的属国化」の性格をますます強めていくことは、決して国民の杞憂だけではない。こうして、中国の粗暴な行動は逆に民主党の政府の支持率に急速な低下をもたらした。それまた中国の予想しなかった誤算ではないだろうか。

尖閣事件は日本の「弱腰外交」が招いたツケ

戦争には勝敗があるものだが、英仏百年戦争やら「十字軍の東征」のようになかなかケリをつけられない場合もある。長期化になると、たいてい戦国の時代と呼ばれる。もちろん中国にもあれば、日本にもある。どの文明史も統一国家に至るまでには小国乱立の時代があった。

大東亜戦争、ことに最後の日米戦争の敗北は、連合国軍による七年間の進駐を敗戦後の日本人、男女老若ともその身で体験し、実感してきたものだ。だが「目に見えない」、あるいは一般の国民があまり実感しない、気がつかない敗北がある。たとえば日本と中国、韓国との間で、八〇年代後半から、歴史教科書及び靖国参拝問題をめぐるトラブルの中で、徐々に明らかになったことだ。精神的敗戦である。

日本が今まで「反省と謝罪」を数十回もくりかえし、行事化せざるを得ないのか。なぜ、国会まで「終戦五〇周年の不戦（謝罪）決議」をしなければならないのか。なぜ、歴代の総理が村山史観を踏襲して、「反省と謝罪」をしなければならないのだろうか。

戦争というものは、目に見える戦争もあれば、目に見えない戦争もある。戦争は政治外交の延長である。毛沢東によれば血を流す政治が戦争であり、血を流さない戦争が政治である。もちろん外交が政治の外への延長である。

本来なら、属国や植民地でなければ、いかなる国であろうと、教育というのは自国民に属する問題である。「靖国参拝」というのは自国民の心や魂に属する問題である。中国国内でさえ、被支配のチベット人やウイグル人が、この心や魂の問題をめぐって、中国政府に抵抗しつづけてきているのだ。

だが、日本だけが例外といえば例外だ。本来なら「国内」問題に属すべき「歴史」や「靖国」問題を知らず知らずにいつしか「外交」問題にされてしまった。

伝統文化からしても日本的性格からしても、日本人は「過去」については、あまり気にせず、「水に流す」のが原始神道からのもので、過去よりも「現代」や「未来」のことを重んじ、つねに前向きに生きてきた。それが日本的性格であり日本人の国民性だ。だが、知らず知らずのうちに日本は「現在」「未来」よりも「過去」ばかりにされ、「反省と謝罪」を行事化にされ、魂や心まで捨ててしまったのだ。

それほどの文化的、精神的な敗北があろうか。そもそも大中華の中国も「小中華」の韓国も、中華思想から個人的考え、私的な意志を、あるいは独善的な「正しい歴史認識」を他人に押し付けるのが、ごくあたりまえのことで、日本は自分、自国の何を守るべきかを持たない。政府までそれを捨ててしまうということは、その国の将来はいったいどうなるのだろうか。

尖閣は自国領だと公言してきたのは七〇年代からで、当時の反日日本人は、歴史捏造を歴史の真実として、即刻還せよとすぐ呼応してきたが、もう時代も日本の状況もずいぶん変わってきている。「歴史」や「靖国」をめぐっての日本の「反省と謝罪」の行事化は大東亜戦争につづく日本人の魂の敗北であるが、日本にとって「尖閣」とは何か、「歴史」や「靖国」に続いて日本人一人一人、その意味を問わなければならない。

それは単なる「島」「無人島」だけなのか、海域、資源も含めて、あるいはあらゆる意味で国土を守る、日本を守る意志、精神、魂の問題として、問わなければならない。

もちろん中国にとって、革命第五代現政権にとっても、反日は生存の不可欠な条件の一つであることはこれまでに述べた。

「歴史」「靖国」そして、「尖閣」だけではない。次の一戦とは何か、どう闘うべきか、中国は反日のお題目を探しつづけるだろう。「尖閣」の次はもちろん「沖縄」そして「日本」だ。

日本はすでに中国の「戦略的属国」に堕落しているのは確実である。

日中友好を信じているのは日本人だけ

「友好」をしきりに口にしてきたのは人民共和国以後の中国である。「友好人士」や「友好商社」がかつて日中友好の代表、あるいは代行者として一時独占的地位を獲得してきた。もちろん「友好」とは中国外交の専用語でなくても愛用語の一つである。個人的には「好朋友」や「老朋友」と称され、「友好」を示すために、呼びあってきた。

「友好」とは「非友好」の存在があるから、はじめて強調され、高く掲げる必要性がある。それは中国人独特の「弁証法」的考えで、国内の民衆もすべてが「人民」ではなく、毛沢東時代の中国には五パーセントといわれるごく少数の「反人民」が存在する。「反人民」は改造されてからはじめて「人民」になることができると考えられているのだ。もちろん中国は法治社会ではないから、「反人民」とはいったい誰を指すかというと、もっと細かく分ければ、人民とは「紅五類」を指すもので、「反人民」は通称「黒五類」、文革の時代には二つ追加されて「黒七類」にもなり、それは「打倒」と「改造」の対象にもなっている。

近代国民国家は、どの国も国益中心で、一に国益、二に国益、三四がなくて、五に国益である。国益を守ることが国家の任務である以上、国家利益、国民利益が優先になり、「友好」ができなくなる場合が多い。

中国との「友好」はむしろもっとも「危険」なシグナルで、ことにお人好しの日本人にとって、そういう「常識」は必要だ。だから中国の「友好史」を知らなければならない。

かつてインドのネールと中国の周恩来総理が肩を組んで第三世界の平和と友好を大合唱していたころ、その友好の蜜月がピークに達したころには中印戦争が起こった。中ソ戦争も、中越戦争も友好の蜜月がピークに達した後に戦争となり、不倶戴天の敵に急変してしまった。

江沢民の時代にしきりに日本に対して、「前事不忘、後事之師」（歴史を鑑にする）の錦の御旗を掲げ、独善的な「正しい歴史認識」をおしつけつづけた。しかも「永遠に」日本に頭を下げつづけさせるとも豪語していた。

「歴史を鑑にする」ことはたしかに大事だ。しかしそれは中国からの独善的な「正しい歴史認識」を学ぶことではなく、なぜ「友好」が中印、中ソ、中越の戦争にもなったのかという「歴史の教訓」こそ日本人は学ぶべきだ。

中国人の思考様式は日本人とはちがって、戦略的だということについて、中国学の大家アメリカ・ハーバード大学のフェアバンクも指摘したことがある。中国人にとって、ことに「友好」を高く掲げるさい、「孫子の兵法」からいえば、それが「示形」の術として、これからは「戦争」だと即座に読むべきだ。もちろん「友好」＝「戦争」の同義語でなくても中国人の「友好」というシグナルの意味を読まなければならない。

日本国憲法前文には「平和を愛する諸国民の公正と信義に信頼して」と謳われている。それはあくまでも建前であって、日本国憲法を制定した当時は、中国の国共内戦をはじめ、朝鮮戦争、ベトナム戦争、カンボジア内戦など、日本の近隣諸国は自国民の殺し合いがえんえんと熱をあげる時代だった。

それが世の中の真実だ。美辞麗句だけで、おおいかくすことができない。中国人社会の生存競争は日本人社会ほど甘いものではない。日本史には奈良時代から約四〇〇年近く、江戸時代には三〇〇年近くの人類史上類例を見ない平和な時代があり、万世一系の天皇があった。それは戦争のない年がない易姓革命の国中国とはまったくちがう社会だ。

史例を見ると、今現在中国人が、もっとも尊敬している漢の武帝は連年の征伐戦争で人口が半減、武帝と太子まで都の長安で決戦、数万人が戦死した。中国随一の名君唐の太宗も兄弟の殺し合い、明の世祖、ことに南朝の宋は一族の殺し合いで、ことごとく殺しつくして、後継者がいなくなって王朝が滅びた。中国社会は、夫婦や親子殺し合いのあるきびしい優勝劣敗の社会だから、「友好」の恐ろしさも知るべきではないだろうか。

なぜ、毛沢東がもっとも親密なる戦友林彪と反目し、なぜ鄧小平が胡耀邦と趙紫陽二人の後継者を斬り棄てざるを得なかったのか。中国人の生存のための「粛清の弁証法」（脅威になる身内を次から次へと消していく）を知らなければならない。

日中友好ははたして可能かどうか、中国の「友好善隣史」だけでなく、「友好」のもつ奥義も解明しなければならない。

中国に進出している日本企業は安全か

外国企業が中国進出しはじめたのは文革終了後の八〇年初頭にはいってからである。七〇年代までは日中の交流は、多く制限され、七〇年代初頭の日中国交樹立以前は、友好人士や友好商社だけに許されていた。それが、いわゆる竹のカーテンの時代であった。

「改革開放」がスタートした一九七八年末まで、中国は完全密封国家ではなくても、文革中には外交関係をもつ国家は一時アルバニアしかなく、改革開放前の中国はいわゆる「自力更生」が社会主義中国の路線で、すべてが自前を原則とする時代だった。

対外貿易関係で総体的数字を見ても金額はきわめて少なく、四パーセント前後と推定されている。だが、以来三十余年、中国は世界最大の通商国家に大変貌をとげている。

今現在中国は日本最大の貿易相手国にしても日本のGDP全額から見れば、三%未満である。中国が改革開放をめざして外国企業の投資を許認可してから、すでに三〇年以上も経ち、各金融機構や政府研究機構からの推定投資額は約六〇〇〇億～七〇〇〇億ドル前後で、台湾からがその約半数を占めている。台湾資本は外資としては計算されていないので、日本がかつて外資のトップに立ったこともあった。じっさいには外資の中で、約四〇パーセント前後が資本逃避、つまり中国からのキャピタル・フライト（近年は推定年に五〇〇億～六〇〇〇億ドル前後）が外資に化けて中国企業に再投資するのであったとされている。

中国への投資国の中で、台湾や香港をはじめとする華僑資本をのぞいて、対中投資国の中でも大きな変化を見られる。二〇〇二年から欧米の資本が中国から撤退しはじめ、年々減少している。日本は二〇〇五年から撤退しはじめ、投資先を中国以外の国々へと変えつつある。以来、日印の実例を見ると、二〇〇五年の日本の対インド投資は金額的には約中国の八分の一前後だったが、二〇〇九年には、総金額では、中国を上まわっている。

以上のような推移と変化から、なぜ経済急成長と経済規模急拡大中、さらに「世界の工場」から「世界の市場」に変わりつつあるといわれる最中に、日本資本が中国から撤退、あるいは移転先が変わりはじめたのだろうか。

その詳しいことについては、経済専門書にゆずるが、理由は多々ある。まずその理由の一つである人の問題から見るだけでも、じつに問題、難題、課題の多い国である。かつてのもっとも投資先の魅力の一つである破格の人件費はすでに喪失しつつある。労働力の質も日本人よりも、さらに韓国と台湾よりもかなり低い。労使紛争も頻発、さらに日常化している。

もともと中国とは、「馬上天下を取る」ことに「易姓革命」を正当化する匪賊国家だから、中国人による情報や技術の「盗窃行為」が横行するだけでなく、いくら社会に「消滅四匪、促進四化」と呼びかけても、「車匪・路覇」が跋扈している。黒道（チャイナ・マフィア）は、軍と公安と結託して総人数はすでに五〇〇〇万人に迫ろうとしている。従来の麻薬、誘拐、売春、密輸などのマフィア産業から、さらに教育、メディアまで支配、第二の地方政府となりつつある。黒道勢力の抬頭はすでに政府でさえ手におえなくなっている。重慶市党委書記の薄熙来《はくきらい》の「唱紅打黒」（革命歌を唄いマフィア追放運動）の不発が象徴的だ。

「すべてが嘘、嘘ではないのは詐欺師だけ」といわれる中国での外資企業にとって最大の難問とは、社内の不正と社会の詐欺で、ほとんどお手あげ状態だ。何しろ契約の半数以上が不履行なのである。

「無官不貪」（汚職しない役人はいない）国だから、寄付金、罰金、ゆすりたかりに近い税金など、いわゆる「三乱」が横行、しかも中国政府は朝令暮改。それのみならず、ビジネスをめぐるトラブルで、裁判に訴えてもほとんど勝ち目はない。法治国家の人間としての日本人は人治国家の中国で生き残るだけでも辛いといえる。

それでも、日本人は反日の中国で、大歓迎されるのは、「騙されてもそれまた騙される」からだ。安全かどうか、ということは目の見えるものもあれば、目の見えないものも多い。口に入れる有毒食品、日常生活に接する有毒製品、そして大地、海洋、空気の汚染だけでなく、世界の疫病史の「常識」から、中国は古来、ユーラシア大陸のペスト、コレラ、天然痘など疫病の発病、拡散の地であり、日本疫病史に見られる疫病の大流行もほとんどが中国からの渡来であった。

中国投資企業の安全チェックは、いわゆる「チャイナ・リスク」として、中国政府の朝令暮改など豹変をくい止めるだけでなく、中国人、中国社会、そして中国的風土の面からも総合的に語らなければ把握しようがない。それが「常識」である。

中・印・露の戦いがはじまる

文明の盛衰や大国の興亡は時代と環境の変化からの影響は大きい。二〇世紀には、少なくとも三度の大国の崩壊という大きな時代の流れを見てきた。初頭には近世以来の大国だったロシア帝国や清帝国、オスマン・トルコ帝国がそろって国内革命によって瓦解した。第一次世界大戦後には、オーストリー・ハンガリー帝国まで崩壊した。それは、国民国家が時代の主流になり、列強までに成長したがゆえの国際力学の変化も、その主因の一つである。

中葉ごろになると、敗戦した植民地帝国も、勝利した植民地帝国もすべてが崩壊、数多くの新興国家が生まれた。世紀末になると、かつて「世界革命、人類解放」の夢で一世を風靡した社会主義体制は西のソ連や東欧が崩壊、東の中国、ベトナム、北朝鮮だけが生き残った。

それは、時代の一大潮流ともいえよう。二一世紀になると、国際力学も大きく働くようになり、ことに中国の軍事力と経済力の膨張は大きな存在として注目され、刮目《かつもく》もされている。だからG2だけでなく、パックス・アメリカーナに代わり、パックス・シニカの時代もやがてやってくるのではとも論議されている。

だが、日米中の関係はよく論議されていても、BRICSである中・印・露の関係はとかく忘れられがちである。

たしかに中華帝国の復活やらロシア帝国の復活や、やがて中国はインドに追い越されるなどなどの論議は論壇の方でとりあげられてはいるが、これからの中・印・露の関係はいったいどう変わっていくかという視点は皆無に近い。冷戦終結後から中・印・露とも、日米欧とはちがって、さまざま内部問題をかかえていても経済急成長国家、ＢＲＣＩＳとしての共通性が注目されるということだけで、そもそも文化・文明ともそれぞれまったく異質的な国家である。

日本の論壇でよくとりあげられ、注目されるのは中国だけが中心となっているが、二一世紀の国際力学はじっさいきわめてダイナミックである。日米欧の安定勢力以外には、ＢＲＩＣＳの巨大国家勢力が台頭しつつあるが、その後を追っているのはＶＩＳＴＡ諸国（ベトナム、インドネシア、南アフリカ、タイ、アルゼンチン）である。これからもますます経済構造だけでなく、国際力学もますます加速的に変動していく。

もちろん国際外交的にも合縦連横や遠交近攻などの戦略政略が変わっていくにちがいない。では日米欧の一体化や中印露の三国同盟はありうるのだろうか。

二一世紀の国際力学関係は、かっての列強だった日米欧の一蓮托生化が中・印・露同盟以上の可能性が高いと見るのがむしろ常識ではないだろうか。

文化・文明史から見ても、近代国家の国益から見ても、中・印・露三国同盟はありえないどころか「善隣友好」も絶対不可能で、やがて「新三国志演義」の開演迫ると断言したい。

なぜだろうか。第一に文化・文明が違う。インドにはヒンディ文明、ロシアはロシア正教を核とする東方正教文明だ。そして中国は世俗化としての中華文明で無宗教というよりも反宗教的である。

インド世界から仏教が中華世界に流入したことがあっても、その逆流はほとんどなかった。ロシアと中国ともかつてモンゴル人に支配されたことはあるが、一時的に社会主義国家という同質性があっても中国はむしろ反ソ連修正主義、反社会帝国主義として中ソは不倶戴天の敵だった。人民共和国以後、中印戦争だけでなく、中ソ戦争もあった。今でもインドと日本は中国の二大仮想敵国とされ、中ソも中印も伝統的には「善隣」の国というよりも「悪隣」の国だった。

今の中国は「人民専制」国家、インドは議会制民主主義国家、ロシアは未熟ながらも民主化に向いつつある国家である。かりにハンチントンがいう三国間の文明衝突をさけることができても、同盟関係はほとんど不可能に近い。中国が人民専制を強化しているのに対し、ロシアとインドはすでに民主主義国家あるいは議会制民主主義国家として機能し、成熟しつつあるのだ。

三国ともそれぞれ多くの内部矛盾をかかえているが、インドはパキスタンと分離独立後、ロシアはソ連崩壊後、民族問題や宗教問題をクリアしつつある。対して中国では国家だけでなく民間においてまでの「洗回」（イスラム教徒の皆殺し）運動以来、むしろ矛盾をかかえこみ、対立が激化している。

中・印・露三国とも経済高度成長国家だからこそ、技術や資源問題をめぐって、国益の対立がさけられない。ロシアは中国とインドに比べ、資源やハイテク技術、ことに軍事技術面で優位である。中国は資源枯渇の国で世界中で資源を買いあさっている。インドもまた中国ほどではないにしても資源貧国である。その中印両国が持続的に経済発展をつづけていくためには、どうしても資源が必要だ。その必要不可欠な資源富裕国であるロシアは、その資源をテコに復活しつつある。「強いロシア」にとって、中印の対立は非常に都合がいい。

中・印・露は過去だけでなく、これからもそれぞれの思惑があり、それぞれ大国としての条件がある。となれば、三国同盟よりもむしろ三国鼎立、すなわち「新三国志演義」の開演の日はもう迫っていると言わざるをえないのだ。

米中最終戦争のシナリオ

アメリカの没落がしきりに語られはじめたのは、七〇年代の後半、アメリカの学者からであった。当時日本の経済大国化が世界的に括目されはじめ、「ジャパン・アズ・ナバーワン」の声まであがっているという時代の背景もあった。

だが、日本経済は八〇年代中期をピークに九〇年代入ってから、バブル崩壊、そしてつづいたのが、いわゆる「喪われた二〇年」である。九〇年代から、中国の経済力と軍事力の巨大化から、「二一世紀は中国人の世紀」といわれ、中国人もその気で「これからの世界は中国人が決める」という自信と過信まで出ている。

アメリカの没落がいわれてすでに三〇年以上も経っている。数年前にリーマン・ショックもあった。それでもパックス・アメリカーナは今もつづく。経済力から見ても、軍事力から見ても断トツに強い。いかなる国もアメリカと肩を並べることはできない。もちろん、それどころではない。情報力にしても、文化力にしてもそうである。大国の興亡の諸説にしたがえば、もうそろそろ、パックス・アメリカーナに代わって、覇者交替の時期だろう。

パックス・ブリタニカに代わって、パックス・アメリカーナの登場の時期は一九世紀末から第二次世界大戦まで、いろいろと説かれている。いずれにせよ、アメリカは二〇世紀に入ってから、脅威となるドイツと日本をつぶし、イギリスをおさえ、冷戦を通じてソ連までつぶした。もちろん東西冷戦以外にパックス・アメリカーナの確立は、熱戦もあり、代理戦争もあった。

パックス・アメリカーナはただの経済力や軍事力だけではない。その文化力も従来の大国とは異なる。今でも「反米」のブームは世界のどこでも続いている。反グローバリズムもその一つである。それにしても、アメリカの理想、理念、たとえば自由、民主、人権などをはじめ、科学技術、そして文化、どれ一つをとってもアメリカに代われるものはない。

中国がずっと堅持している「人民専制」はあくまで「中国的特色」にかぎってのもの、普遍性をもつものではない。かりに、さらに拡大して「アジア的価値」を云々するものがあっても、それはグローバルなものではない。それでよい。

パックス・アメリカーナは経済数字的に見て、たしかに没落しつつあるとは決していえないことではない。しかし、それに挑戦しうる相手ははたしているかどうか。EUや日本、ロシアやインド、急膨張しつつある中国にしても、パックス・アメリカーナに挑戦、そして取って代わることは、はたして可能だろうか。

またアメリカはさまざまな難題と課題をかかえている。だがアメリカに挑戦しうる超大国でも、政治連合体でも、そう変わりはない。

五年後か一〇年後のパックス・アメリカーナに代わる中国覇権の時代を唱える論者も近年見られるようになっているが、論拠が不充分か空想というより希望的観測や占師まがいの予言になってしまうものにとどまっている。中国経済はすでに二〇〇七年をピークに年々経済成長率が低下しつつある。そしてその経済膨張のひずみは拡大する一方である。かりにこれからの中国がバブル崩壊後の「喪われた二〇年」の日本の轍を踏まなくてすむにしても、中国が成長からもたらした、ひずみや環境や格差を克服するのは絶望的に近い。

中国は核戦争や宇宙戦争まで想定して、戦略的には「超限戦」やら「C型包囲網」などなど、「戦争に勝てば世界はすべて中国のもの」ととらぬタネキの皮算用にしても、通商国家、つまり外需依存の中国は、「戦争即経済崩壊」「経済崩壊即亡党亡国」との国家存立の原理を知らなければならない。それは中国国家指導者たちがよく知っていることだ。だからできるだけ相手の出方をはかりながら「恫喝戦略」の戦果だけに収めたい。それが中国である。

「米中の資源戦争はすでにはじまっている」という説はまちがいない。だが、それは「米中」というよりも中国vs世界の「資源戦争」と見るべきではないだろうか。中国の核戦争論にしても、中国vsアメリカではなく、世界戦争の視野で語られている。それは古来からの「中外」の発想で「中華」を中心とする、外の「四夷八蛮」からくるものだとの見方と考え方で、それが中国人の世界最終戦争論や戦争観にもなっている。

かりに米中戦争があるとすれば、それは「核」や「宇宙」までの実戦の次元の話ではなく、戦雲がたちこめる時代に中国人の国からの大脱走が怒涛のようになり、中国に虐げられている諸民族やら改革開放後に搾取されつづけてきた民衆にとって真の解放戦争となるだろう。

米中の最終戦争は、従来の国民戦争とはちがって、冷戦もそうであるように、まったく異なる次元の戦争となろう。ハンチントンが説く「中華文明＋イスラム文明vs欧米文明」の文明衝突はありえず、文明の衝突は起こるはずがない。世俗化した民族としての中国人とは、宗教心が希薄で、文明というのは、中国では「エチケット」や「行儀」「品格」ぐらいしか意味しない。

かりに中国で軍の暴走があるにしても、それは中国の国家としての自殺としか意味しない。

日中再戦はありうるか

日本は開国維新以来、日中の間で一八九五年の日清戦争をはじめ、半世紀の間で、北清、満州事変、日中戦争があったものの、終戦からすでに六〇年以上（一甲子）経っても日本は内戦はもちろん、対外戦争もなかった。アジアの国としてはじつに異例な存在である。

近隣諸国に比べても一目瞭然だ。たとえば中国は一八世紀末の白蓮教の乱後、文革の終結に至るまで、内戦と内乱がえんえんと一八〇年間にもわたってつづいていた。戦後この六〇年以上にもわたって、中国の国共内戦に限らず、中印、中ソ、中越などの対外戦争もあった。また他の国々でも朝鮮戦争やベトナム戦争、カンボジア内戦など自民族の殺し合いがつづいていた。

日中間にかつて不和の半世紀があっても、それ以上に一甲子の「不戦」を保ってきている戦後の日中関係史もある。それでも日中戦争の論議はシミュレーション未来小説にかぎらず、「もし日中戦わば」という日中再戦の論者もこの間よくみられる。つい数年前も中国の学者たちが日中戦争迫るという予言というよりも断言しているのだ。

もちろん日中再戦の可能性は決して非現実的ではない。人民解放軍も尖閣をめぐって目下、命令一下で突入の態勢が整っているとまで伝えているのだ。

たとえば国防部長（国防相）の梁光烈は作戦幹部に沖縄急襲作戦準備の開始を指示する一方、もし日本政府が日本の「右翼」たちによる「尖閣諸島守備隊」の尖閣上陸を黙認するならば、中国海軍も総力を上げて、尖閣の「奪還作戦」を展開すると警告している。

かつてアメリカからの報告でも、日中衝突のきっかけについて、海洋資源、尖閣、中台、米中衝突の四つの可能性をとりあげたことがあった。尖閣の領土問題をめぐって、日中再戦の可能性はますます高まっているとするのが民主党政権以後の新情勢だろうか。

アメリカの国際評価戦略センター主任研究員で中国軍事問題の権威リチャード・フィッシャー氏の報告（二〇〇五年一一月）によれば、もし海軍力で中国が日本よりも優位に立った場合、日中の軍事衝突の可能性が高まると指摘していた。

日本海域の中国軍艦の出没は日本に対する中国海軍力の誇示と読むべきだろう。

戦後日本の新アナキスト

戦後半世紀経っても、地球人や宇宙人になりたがる日本人はまだまだ多い。「日本人として恥ずかしいから地球人になりたい」と語った旧社会党（社民党）から民主党に入った辻元清美議員がその代表的な一人だ。また、実際に「宇宙人」と呼ばれ、「日本列島は日本人だけのものではない」と語り、「友愛」を掲げ、東シナ海を友愛の海にしたいと発言する鳩山由紀夫元総理もよく知られている。

宗教家や信仰を持つ者ならば、地球人や宇宙人になりたいと言うのはわかる。なぜなら宗教家は土俗的なものでさえコスモポリタン的な考えで捉えることが信念でもあり、深い人類愛を持ち、四海みな兄弟と教えているからだ。

「無国の民」という意識が強い台湾出身の私にとって、「日本人として恥ずかしい」から地球人になりたいという話は、いかにも贅沢に聞こえる。ことに国会議員の資格は日本国籍を持つことが「法的な」最低条件となっているので、心にもないことを言う嘘つきか二重人格者かとさえ思ってしまう。

戦後、学界でも言論界でも、日本人よりも地球人や宇宙人になりたがる者がわんさといる。彼らはずっと日本人に教え、はっぱをかけ、指図してきた。その最も代表的な隠れ蓑が市民運動と平和運動である。戦後日本最大の獅子身中の虫、二つの敵ともいえる。なぜかというと、市民意識が国民意識にとって代わった時に国家衰亡の運命をたどることは、すでに決まっている。平和運動は人類有史以来続けられてきたが、それでも戦争はなくならない。それは平和を保つのには戦争以上のエネルギーが必要だからで、運動や理念でできるものではなく、国際力学のしくみだからである。日本の平和運動はただの念仏平和主義というよりも、日本の自衛力を衰退させることにつながる有害なものだ。

二〇世紀初頭までは、西欧だけではなく東アジアでもアナキズムが一世を風靡した。地球人や宇宙人になりたがる戦後の日本人は、私は新アナキストとして連想させられる。時代に流されていくことが日本人にとっては幸せなのだろうか。

大量に増殖する反日日本人の恐怖

中国の民族主義、愛国主義運動はアヘン戦争後の太平天国の「奉天討胡」から始まり、二〇世紀初頭の「滅満興漢」を経て戦後の反日抗日に至るまで一〇〇年以上が経つが、根を下ろすのが難しい。だから、九〇年代に入ってから「愛国主義、民族主義、中華振興」を国是国策にしなければならないのであり、それが歴史の歩みを実証するバロメータとなる。

韓国の場合、愛国主義や民族主義は中国に比べやや遅れて戦後になってから育てられたものといえる。一九一九年に韓国で起こった三・一運動に刺激され、同年中国で五・四運動が発生したのも事実ではある。だが、韓民族の運動は少数の運動家だけにとどまり、全国的には広まらない。

社会主義運動の影響もあり、一九世紀末の東学党のような土俗的色彩の強い民衆運動は、二〇世紀前半には半島から消えてしまったというのが史実だ。だが、民族意識について見るならば、小中華は大中華以上に強く、その違いについては様々な理由がある。

日本人の国民意識は明治国家の時代から徐々に熟成して形成されたものである。二〇世紀初めに来日した清国の留学生が、日本の青年男児の入隊に際し、家族や友人が「祈戦死」というお祝いの幟を掲げて見送っているのを見て、「感極まれり」などと絶賛したことが多くの記録に残っている。

だが、戦後、日本人は「一億総懺悔」の空気の中で、「反省と謝罪」を繰り返し、メディアと教育の洗脳によって反日日本人が大量繁殖。戦後の日本社会独特の精神現象が生み出された。この反日日本人も時代とともに今や消えつつあるが、その残余勢力や残党はなおも残存している。

彼ら残党について、三つのタイプ別に例を挙げてみよう。まず、社会党出身で、菅政権で官房長官を務めた仙谷由人のように、「日本は中国から文化を教えてもらったという恩義」があり、「日本はかつて中国を侵略したことがあった」から、中国がいくら理不尽な暴走や暴挙を犯しても「理解」を示すべきだが、日本人が同じことをしたら絶対許さないという「反射謝罪」にこだわる「恩義型」反日日本人。

次に、大江健三郎や本島等元長崎市長らのように日本人はすべて悪い、人間のクズ、日本が中韓から尖閣と竹島を奪ったのは日本人の「強い貪欲」からと、「醜い日本人」を執念深く信仰する「日本人劣等人種論型」反日日本人。

そして、外務省出身の孫崎享《まごさきうける》といった役人のように、中国が「六〇〇年間尖閣を実効支配していた」「カイロ宣言で尖閣の主権が中国にあると謳われている」などの主張をすると、すぐ孫引きして中国に呼応、「日中戦争になれば中国が三〇分以内に日本を全滅させる」と恫喝すれば、すぐ日本は必ず負けると伝言する「即応対行型オウム教」反日日本人。

ただ、「日本人として恥ずかしい。だから地球人になりたい」と言う辻元清美や「友愛」ばかりにうつつを抜かしている宇宙人の鳩山由紀夫元総理などは、いったいどういうタイプに入れるか、今なお思案中である。

反日日本人は決して戦後生まれの異端児ではなく、以前にもあった。だが、人間はたいてい誰でもその土地に生まれ、その土地の水を飲み、その土地の産するものを食べ、その土地に育てられたら、その土地を愛するのが人情というものである。どのような屁理屈をこねても人情は人情で、普遍的なものである。

反日日本人の言う屁理屈はそれぞれ違っていても、日本の伝統文化と価値観を否定し、民衆を愚民と見ることについては若干差があっても、共通しているのは日本にのみ限定した「反国家」の感情である。

しかしなぜそれほどまでに日本が憎いのか、私には理解し難い。

日本言論人の危うい言説

日本人は昔から外の世界がきれいに見え、また理想化する。遣隋使、遣唐使だけでなく開国維新後も外に学び、坂の上の雲を目指してのぼっていく。一生懸命に努力するので上達も早く成果も抜群である。それも日本人のよいところである。

だが、日本人はいつも純心で疑いの心がない。外の言説そのままを真実だと思い込み、真偽を弁別することをあまりしない。

たとえば、中国の古典はあるものを書いているのではなく、あるべきことしか書いていない。逆説を言えば、ないからあるべきだという願望を込めて「ある」と書く。だから中国の経典はたいていあるものを書いているのではなく、あるべきことか理想について語るものだ。しかし江戸時代の朱子学者は、書いてあるものをそのまま真実だと思い込み、中国を「聖人の国」「道徳の国」だと錯覚する。

戦後の中国学者をはじめ進歩的文化人は「カもハエもネズミも泥棒もいない地上の楽園」という中国の宣伝を流布した。流布した者は、中国がただあるべきことを言ったのを真に受けて、伝えただけかも知れない。だが、実際には嘘つきの片棒をかついだ共犯者である。

戦後、ことに人民共和国成立後の中国は竹のカーテンに閉じこもった。そこから流れてくる情報は、たとえプロパガンダの意図はなくとも「やりたいこと」あるいは「計画」や「政策」に過ぎないのに、専門家はこの「あるべきこと」を「ある」と伝え、狂言師になってしまった。日本人はたいてい疑わずに信じ、そのまま理解し納得するのが国民性だから、一度外に出れば騙される。何回も何回も同じように騙されても懲りないバカのつく正直者ばかりだ。

古代、中世だけでなく、現代の日本人も占いを好む。占いを扱うテレビ番組も多いし、また、言論人も占い師に近いような者が人気がある。

人気がある言論人の著作を読むと、たいていが今はこうあるべきだ、これからこうなるだろう、といったことしか書いていない。過去についての常識が不足しており、間違っているので、現実の社会の真実にも疎い。将来のことについては当たるも八卦、当たらぬも八卦、たまに当たったらすぐ人気が出る。

それが今の日本の風潮だ。学者も言論人も無責任な占い師ばかりである。戦後すでに七〇年になろうとしているのに、このままの日本でよいのか。何とかしなければならないと、多くの人が感じているのではあるまいか。

日本人は「歴史」や「靖国」の問題よりも「領土」問題により強い不安と関心を持っている。中韓のいわゆる「歴史的論拠」はほとんどが嘘だと思ってほぼ間違いない。しかし、歴史の嘘を知ることは難しいので、勝つための物量作戦が重要となってくる。「嘘も一〇〇回言えば真実になる」ということを中韓はよく知っている。日本人はこれまでのように真偽にこだわるよりも、どうすれば勝つのか、勝たなければならないのかにもっと力を入れて取り組むべきだろう。

なぜ強い日本をつくることが先決か

これまでくりかえし述べてきたように非常に厄介な国が「一衣帯水」で日本の隣にいるからといって、つきあわないわけにはいかない。ますますグローバル化する時代には、隣国同士、できれば「善隣外交」が望まれるところである。

日本は開国維新後、清国だけではなく、民国とも共和国とも長い間つきあってきており、いかに隣国同士のつきあいがむずかしいか近現代史が如実に物語っている。

その間、日清戦争も日中戦争もあり、「歴史」や「靖国」問題で、「反省も謝罪」もくりかえしてきた。日本が国家としていかにふりまわされてきたのか、一個人としてもいかに酷い目にあってきたか、愚痴も少なくなかろう。できれば竹のカーテン時代のようにつきあいたくない、そのほうが楽だと思う人も少なくなかろう。だが今はそうはいかない。福沢諭吉のようにあっさりとアジアの悪友どもとの「交遊謝絶」とまで決断するのもそれほど簡単ではない。だからといって外交政策を決めていくのも、かつての福田総理がいうように「相手のいやなことをしない」という原則を守っていたら「歴史」や「靖国」のように日本は「反省と謝罪」しか手も足も出ないから、聖徳太子時代のように「対等」のつきあいという毅然たる態度しかない。もちろんかつては朝鮮や越南のように朝貢国としてのつきあい方もあった。

もしこれからの日本が、過去の朝鮮と越南がとったつきあい方ではなく、聖徳太子の「対等」

のつきあい方をしたいなら、「普通の国」の日本ではなく、「強い日本」以外にないと私は苦言を呈したい。

ではどうすれば「強い日本」になれるのか。ただ主観的主体的な意志一つかえるだけで「強い日本」になれる。客観的から見て、今の日本のままでも世界的に見れば強い日本である。「強い日本」の条件をとりあげれば切りはないが、そのまま備えている条件だけでも以下のものがある。

日本は政治大国ではないにしても、経済大国である。現在中国に抜かれて世界第三位になっても、国民一人あたりのGDPは中国の一〇倍である。

日本はアジアの中での最先進国だけでなく、欧米に比べても遜色はない。

資本、技術、人材、情報の提供センターとなれる存在である。

開国維新から今日にいたるまで、日本は知識と知恵の最大集積基地であり、情報発信の基地でもある。

日本は半世紀以上にわたって内戦もなければ対外戦争もない超安定社会である。

中国、チベット、朝鮮、韓国など、アジアのほとんどの国々ではここ半世紀以内に内戦と対外戦争が起こった。また現在も暴動が頻発している国もある。日本にはアジアの安定勢力としての存在感と実績がある。

民主政治の成熟度と国民の民度、品格、そして人類普遍的価値の受容度も近代国家のモデルになる。民主主義の経験と実績のうえでは、各国とも日本をモデルとしている。

開国維新以来、百数十年にわたり、近代化の牽引車として、歴史的貢献をはたしてきたし、世界の国々からもそれを認められている。

生存権や人権など人類の普遍的価値を守り、近隣の独裁国家の人権蹂躙と暴走を防ぐ歴史的使命をもつ。

日本は暴力によって他国を支配するのではなく、魅力的な国家としてのモデルになる。日本は国連の調査でつねにカナダと並んで「いちばん住みたい国」「憧れている国」のトップに選ばれている。

たしかに日本は、「喪われた二〇年」のあいだ迷走を続けてきた。ＢＲＩＣｓもＶＩＳＴＡも坂の上の雲をめざしてのぼりつづけてきている。だが、国民も民族も社会の成熟度も一朝一夕でできるものではない。安定にして安全、そして成熟している日本のシステムが、むしろアジアからも世界からも嘱望され、期待されている。

日本でもっとも欠けているのは、戦後から失われた人類への使命感だけだ。客観的な条件をすべてそなえている日本にとっては、日本の決意と決断が残っているのみだ。もちろんそれを好ましく思わない反日・仇日勢力もなお存在しているのはたしかだが。

日本は国際貢献できる国だ

近代日本は開国維新してからすでに一世紀半以上も経っている。戦前日本については「歴史」

として肯定的に語られることは少ない。それは戦後教育からの強い影響によるものだということがよく指摘されている。そのうち戦後史観については、「東京裁判史観」と「コミンテルン史観」にもとづく歴史教育の歴史産物だというのもたしかである。だが、私は「東京裁判史観」や「コミンテルン史観」はいずれも過去のものになると思う。現在進行形の史観は大中華の中国と小中華の韓国からおしつけられた独善的な「正しい歴史認識」である。いわゆる「中華史観」である。

戦前史については、「侵略」や「搾取」などと語られるものが断突に多い。それは、決して正確ではない。歴史の真実とはかなりかけはなれている。日本が江戸鎖国から開国維新、そして近代国民国家として転生したのは一九世紀中葉ごろの列強の時代であった。非西洋諸文明が次から次へと西洋列強の植民地へと転落していく時代の中で、日本のみが維新に成功した。

そして日本の「文明開化、殖産興業」の波はアジアの台湾、朝鮮、満州へとおしよせ、近代化をもたらした。それだけでなく、戦後は経済大国としてその資本と技術の移転によって、アジアNIES、ASEAN諸国の発展の大きな牽引力となっていたことは、中韓をのぞいてよくアジア諸国民から絶賛されることである。

戦前日本の世界的貢献や評価は、じつに多い。フランスの哲学者・神学者で高名な詩人でもあった、ポール・リシャルー博士もその一人である。氏は一九一六年たまたま旅行で訪れた日本に魅せられ、その後四年間日本に滞在したが、そのとき作った「日本の児童に」と題する詩に、日本の七つの栄誉と使命をあげている。

独り自由を失わなかったアジア唯一の民よ。貴国こそ自由をアジアにあたえるべきだ。

かつて他国に隷属しなかった世界唯一の民よ。すべての、隷属の民のために立つのは貴国の任務だ。

かつて滅ぼされたことのない唯一の民よ。すべての、人類の幸福の敵を滅ぼすのは貴国の使命だ。

新しい科学と古い知恵とヨーロッパの思想とアジアの精神とを自己の中心で統合している唯一の民よ。これら二つの世界を融合するのは貴国の任務だ。

流血の歴史のない宗教を持つ唯一の民よ。一切の神々を統一してさらに神聖な真理を発揮するのは貴国であろう。

建国以来一系の天皇を永遠に奉戴する唯一の民よ。貴国は万国に対し、人がなお天の子であり、天を永遠の君主とする一つの帝国を建設すべきことを教えるために生れてきた。

万国に優って統一性のある民よ。貴国は未来の統一に貢献するために生れ、また戦士として人類の平和を促すために生れてきた。


ポール・リシャールの詩は日本の歩みが世界史的にどのような意味をもち、どれほどの貢献をはたし、どれほど世界に期待されていたかを知るうえではじつに示唆的だ。

近代国民国家としての日本は開国維新から終戦に至るまで約九〇年にわたって、いったい世界史的にいかなる貢献をはたしてきたのだろうか。私がよくとりあげるのは、西欧列強の地球的分割の阻止、非西洋近代化のモデルとなった台湾、朝鮮、満州の近代化、「赤禍」からのアジアの防衛、アジア植民地の解放、そして大日本帝国の遺産は戦後も東アジアの発展を支えてきたことを指摘している。

ことにアジアの解放については、知名な文明論者アーノルド・トインビーが「日本人が歴史に残した業績は、アジアとアフリカを支配してきた西洋人が過去二〇〇年間考えられてきたような不敗の半神ではないことを明らかにしたことである。イギリス人もフランス人もアメリカ人もみなバタバタとドミノ倒しのようにやられてしまった。そしてアメリカ人だけが何とか軍事上の栄誉を保ちつづけたが、他の三国は不面目な敗北を喫した」(「オブザーバー」一九五六年一〇月二八日)と記す。

戦前の日本にもっとも批判的な韓国では、よくとりあげられるいわゆる「日帝三六年の七奪(国王・主権・姓名・資源・生命・言語・土地を奪った)」に対し、それはまったくの嘘で、「七恩」や「七布施」と読むべきだ。逆に私がよく指摘する朝鮮総督府の七大貢献とは、

①朝鮮を中華の一〇〇〇年属国からの解放。
②植物依存文明から産業社会化による朝鮮半島の国土改造と生態学的更生を達成した。
③優生学的医療、衛生、環境改善及び教育の普及による国民の民力と近代民族の育成。

④日本とともに世界への雄飛、民族生活空間の地球規模への拡大。
⑤伝統的階級制度から奴婢の解放。
⑥朝鮮伝統文化の保護、保存と再生。
⑦朝鮮半島の民力を超えた近代化社会の建設。

であり、もっと歴史の真実を見るべきだ。

ことに日中をめぐる「歴史」と「靖国」問題で、中国がよく日本につきつけてきた「独善的な歴史認識」に対し日本が「反省と謝罪」を行事化してきたことは、あまり歴史を知らない戦後世代の愚行と見るべきだ。

日本の「中国侵略戦争」とは中国の一方的歴史捏造と偏見で近現代史の歴史真実としては、いわゆる「八年抗戦」とされる日中戦争は、日本が「中国の一〇〇年内戦に対する日本の人道的、道義的介入」と見るべきである。そして日中戦争については、日本がはたしてきた、中国に対する「九大貢献」は以下の歴史真実を確認検証すべきである。

①列強の中国分割の阻止。
②内戦で荒廃した農村の再建と飢饉の救済。
③近代経済、インフラの建設。
④医療衛生環境の整備、瘟疫の退治。
⑤伝統文化の保存と学校建設。

⑥内戦終結と自国民殺し合いの阻止。
⑦治安維持と安定秩序の再建。
⑧近代化の指導。
⑨衰亡の危機に直面した中華世界の再生。

戦後日本の歴史や日本についての「解釈権」を戦後生まれの日本特産である反日日本人に独占されてはならぬ。「日本悪玉論」についての偏見も反省と謝罪する必要があると私がよく考える。戦前の日本は「過去の一時期」だけについて、「悪いことをした」と「反省と謝罪」をくりかえしてきたのは、すでに「行事」になってよく知られている。だが、私の世代の台湾人は「日本がもっとも悪かったのは戦争に負けたことだ」と考えるものが少なくない。

戦後日本のマスメディアは「日本の悪い話」ならすぐとびつくが、日本が世界からほめられたことは絶対伝えない。

二〇〇五年からイギリスのＢＢＣが世界三四カ国を対象に行った「世界への貢献度」調査では、日本はなんと三年連続で世界一である。日本を本能的に貶めるのは中国人、韓国人はいうまでもないが、反日日本人であり、日中韓三国人はいつも日本を貶めている。

自虐的日本人という病気は「死に至る病」ではないだろうか。台湾の民意調査でも近年、いちばん観光したい国だけでなく、いちばん住みたい国はすでに北米のカナダ・アメリカを抜いて日本がトップになっている。

日本のODA援助額はバブルが弾けた後の「喪われた一〇年」といわれる一九九一年から二〇〇〇年の一〇年間でさえも世界第一位であった。日本のODA援助地域・国は一八五カ国にわたっている。ことに中国に対するODA援助に対しては、中国は戦争賠償すべき金額に比べて微々たるものだとケチをつけるだけでなく、国内の民衆に対しても意図的に隠蔽し、逆に開発途上国への援助に転用して、日本の国連安保理事会の常任理事国入りを阻止する「仇をもって恩に報いる」こととなっている。

そのうえ、中国がGDPで日本を抜いて世界二位となっていても、なおも三位の日本からODA援助を求めている。中国の言い分では、GDP二位とは国民総合計の数字で、一人あたりの平均収入は中国人ではなおも日本の一〇分の一だから開発途上国だ。「もっと金をくれ」と日本の国際貢献をずうずうしくも主張しているのだ。

戦後日本生まれのカラオケ、マンガをはじめとするサブカルチャー、ポピュラー・カルチャーだけでなく、戦後六〇年以上経っても、ほとんど内戦も対外戦争もない超安定システムや、権力と権威を分掌する君民共治の天皇システムも一つの日本型ソフトパワーとして、これからの宇宙船地球号の共生のシステムとして再評価される日は近いだろう。

もっとも根本的な対中戦略

かつて日中韓は「同文同種同俗同州」というアイデンティティを共有した時代もあった。それは開国維新から二〇世紀初頭の時代であった。大アジア主義もそのような時代の歴史産物だ。だが、正反対の見方もあった。福沢諭吉の「アジアの悪友どもとの交遊謝絶」の「脱亜論」もあったのがその一例である。

文化文明からも風土風習から国民性に至るまで、日本と近隣諸国とはいかにちがうかということは、ますます知ってきている人が多くなっているのも通交が盛んだからである。

一〇年秋の日中尖閣衝突も、尖閣沖事件ビデオ映像流出も、劉暁波ノーベル平和賞受賞も、その背後に共有するものがある。それはいかに真実を隠すかの言論統制（隠蔽）から生まれた問題なのである。

日本は言論表現自由の国である。民度も高い。台湾は原則的には言論自由の国である。だが八〇年代末まではそうではなかった。今でもほとんどのメディアの資本が中国資本か国民党資本に握られている。中国ではよく知られている言論鎖国の国である。そこからも民智民度、そして「常識」のちがいが出てくる。だから日本の常識が中国の非常識になるのは避けられない。

そもそも中国も決して古代から情報鎖国の国ではなかった。秦始皇帝が中国を統一する以前には、中国は「百花斉放、百家争鳴」に象徴されるように言論や表現自由の時代もあった。だが、統一後の中国はここ二千余年来、始皇帝の「焚書坑儒」をはじめ、漢武帝の「儒家独尊」さらに「師承」（師の教えを祖述するだけの規定）、科挙、歴代王朝の文字獄などなど、時代は下り、科学技術の発達にもかかわらず今日中国の情報鎖国に至っている。

中国は情報鎖国だけではない。外国の言論にまで容喙《ようかい》、支配、さらにサイバー攻撃までするのもよく知られている。

もちろん、中華人民共和国憲法にも「公民は言論、出版、集会、結社、示威の自由を有する」などと明記はされている。だが、中国は昔から「書いてある」ことと現実にあることとはまったく関係のない国である。それはただ「文字の国」だけである。むしろ秦の時代からこのかた、二千余年来の言論鎖国からつくられた伝統的な性格とは、考えていることとやっていることが、異なっているだけでなく、建前と本音を巧みに使い分ける処世の術も国民性となっている。

だから中国とのつきあいは、なかなか一筋縄ではいかない。「孫子兵法」がいう「彼を知り、己を知れば百戦危からず」という教えがある。ではどうすれば彼を知り、己を知ることができるのか。一見したところそれほど簡単ではない。だが、決してむずかしいことではない。ただ中国人と日本人はちがうとさえ知れば充分だ。台湾人の場合は、中国人とは「同じ地球人ではなく、宇宙人だ」と知るだけで、「孫子兵法」の要訣をすぐ身につける。日本人のように「騙されてもまた騙される」ような再三再四の誤ちを犯すことがなかろう。

ノーベル平和賞を受賞した劉暁波は中国の教育について、「人を奴隷に変える」と述べ、「大卒生の九五パーセント、修士は九七パーセント、博士は九八から九九パーセントが廃物」と言い、中国を「奴隷社会」だと喝破したことがある。

中国の教育は「奴隷化」「愚民化」であるという話は昔からあった。むしろそれが中国教育の本来の目的にちがいない。孔子さえ「民は由らしむべし、知らしめるべからず」というほどだった。中国の奴隷史や奴隷社会について、近代文学の父魯迅や同時代の『革命軍』の著者鄒容《すうよう》からドイツの哲学者ヘーゲルの分析は有名である。人民共和国の国歌「義勇軍行進曲」で、「奴隷になりたくない人民よ、立ち上がれ！」といくら合唱斉唱しても、中国人はとうとう奴隷からの解放はできなかった。

社会主義制度は本質的には「人民解放」はできず、「新しい奴隷制度」になったことがむしろ中国の真実である。

ヘーゲルはアジア型・中国型皇帝制度を「一人だけが自由、万民が奴隷である」と理解している。旧い奴隷制度の土台に再築構した新しい奴隷制度が「人民専制」という「中国的特色をもつ社会主義」の特質そのものではないだろうか。

ことに一九八九年に起きた六・四天安門事件以後は、「社会主義人間」を育てる教育から、「愛国主義、民族主義、中華振興」を植え付ける教育に変わったが、これはまさしく新しい奴隷教育といえる。中国の「憤青」(ネット右翼)でも反日デモ群衆の言行からみてもすべてが「人民専制」の制度を守るために訓育された新しい奴隷の演出だ。

劉暁波らが中国の民主化要求で提唱した「〇八憲章」がめざすのはまさしくこの一三億の奴隷解放だろう。

少なくとも中国の存在をずっと支えているのは嘘という一言につきる。「すべてが嘘、嘘でないのは詐欺師だけ」という俚諺があるように、嘘によって支えられている中国が、もっとも恐れているのは真実のみだ。

核をもたない日本にとっては、国家防衛は武力にはなく、魅力しかない。真言こそ唯一嘘言に勝てる手だ。それしかない。だから、中国向けの真言を発信する真言特攻隊の創設がいかに大切であるか自明のことではないか。それはただ日本にとってだけではなく、人類にとってもそうだ。

中国には毅然とした態度で臨め

中国とのつきあいは、これまで述べてきたようにじつにむずかしい。上か下か、強者が勝ちの社会だからだ。それは歴史を見れば一目瞭然だ。

中国人が存在するかぎり、中華思想は永遠になくならない。なぜなら中華思想は中国人によって生まれたもので、中国人として育ったからだ。それは古来、有限な資源をめぐる争奪から生まれたものだから、日本的な思いやりや話せばわかるという考えは通用しない。だから中国社会では良心ある人は社会から孤立させられる。才能ある人は早死にするといわれるのだ。

中国とどうつきあうか、まずその自己中心の中華思想の本質を知らなければならない。そして中国人の自己主張ばかりの理由をも理解する必要がある。

中国とどうつきあえばよいかについて、中華思想という妄執を知ったうえで、少なくとも以下の「十戒」を知るのをすすめたい。

①おしつけられるご都合主義の友好をそのままに信じてはならぬ。中国との友好ほど危ないことはない。昨日の友が今日の敵になるのが避けられないからだ。もっとも恐ろしいのが「友好」だ。

②話せばわかるものではない。道理は通用しないからだ。

③誤っても絶対謝らない。死ぬまで悔い改めないからだ。

④何をしてもいいかげんで、都合によってころころ変わる。

⑤条約だけでなく、契約も約束も守る気がない人間不信の国である。

⑥日本の常識は中国の非常識と認識すべきだ。

⑦建前と本音がちがう国ということを知らなければならない。

⑧考えていることと、口にしていることと、やっていることがまったくちがう人種だ。

⑨中国人社会は神までも銭で買える。

⑩中国人は徹底的に弾圧すれば従順となる。

中国で企業経営がかなりうまく行っている友人から教えられた中国の人事管理要綱は「ワンマン」である。北京中南海にやり方を学び独裁専制で徹底弾圧にしなければ事業経営は成功しない。上下をはっきりさせ、強弱を知らせるのはどうしても必要だ。

[著者略歴]

黄文雄（こう・ぶんゆう）

1938年台湾生まれ。1964年来日。早稲田大学商学部卒業、明治大学大学院修士課程修了。『中国の没落』（台湾・前衛出版社）が大反響を呼び、評論家活動へ。1994年巫永福文明評論賞、台湾ペンクラブ賞受賞。中国・東アジアに対する分析力は、高く評価されている。著書に、『学校では絶対に教えない植民地の真実』『売国奴【新装版】』（以上、ビジネス社）、『「日中戦争」は侵略ではなかった』（ワック）、『大日本帝国の真実』（扶桑社）、『黄文雄の近現代史集中講座』シリーズ、『世界から絶賛される日本人』『日本人はなぜ中国人、韓国人とこれほどまでに違うのか』（以上、徳間書店）など多数。

日本人よ！「強欲国家」中国の野望を砕け

2013年8月15日　　第1刷発行

著　者　黄文雄
発行者　唐津 隆
発行所　株式会社ビジネス社
〒162-0805　東京都新宿区矢来町114番地 神楽坂高橋ビル5F
電話　03(5227)1602　FAX　03(5227)1603
http://www.business-sha.co.jp

〈印刷・製本〉中央精版印刷株式会社
〈装丁〉常松靖史（チューン）〈本文DTP〉エムアンドケイ
〈編集担当〉本田朋子〈営業担当〉山口健志

ISBN978-4-8284-1722-6